Einst und heute

Highlights

Reisearten

Planung, Vorbereitung

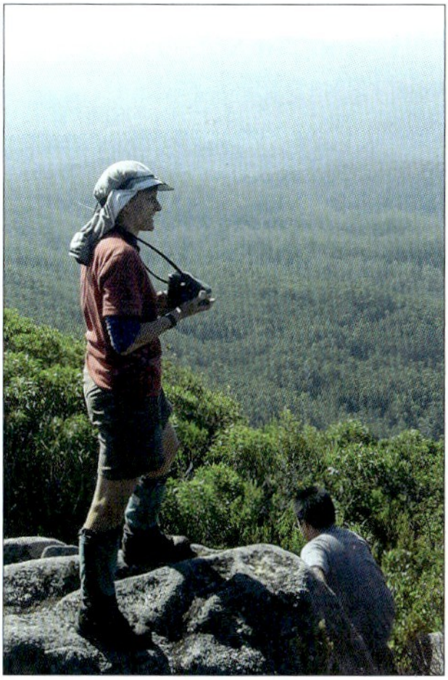

001ob Abb.: tt

Ausrüstung

Naturgenuss

Gefahren

Wildnis-Etikette

Anhang

Reise Know-How im Internet

Aktuelle Reisetipps und Neuigkeiten
Ergänzungen nach Redaktionsschluss
Büchershop und Sonderangebote
Weiterführende Links zu über 100 Ländern

www.reise-know-how.de
info@reise-know-how.de

Wir freuen uns über Anregung und Kritik.

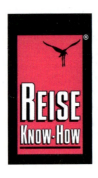

Elfi H. M. Gilissen
**Australiens Outback
und Bush entdecken**

„Bäume, die ihre alten wunderbaren
Wurzeln gen Himmel ranken;
verschieden in Farbe und Blattform;
liegend, stehend, umgefallen oder
durch Blitzschlag zersplittert,
kann man auf Schritt und Tritt finden;
während bezaubernde Schatten der im
Dämmerlicht glimmenden Haine,
und wildeste Natur eingelullt in tiefe Ruhe,
die Seele sehr zu inspirieren vermögen."
Thomas Watling,
australischer Strafgefangener und Maler (1762 - 1815)

Impressum

Wir freuen uns über Kritik, Kommentare und Verbesserungsvorschläge.

Elfi H. M. Gilissen
Australiens Outback und Bush entdecken
erschienen im
REISE KNOW-HOW Verlag Peter Rump GmbH, Bielefeld
Osnabrücker Straße 79, 33649 Bielefeld

Alle Informationen in diesem Buch sind von der Autorin mit größter Sorgfalt gesammelt und vom Lektorat des Verlages gewissenhaft bearbeitet und überprüft worden.

Herausgeber: Klaus Werner

© Peter Rump
1. Auflage 2004
Alle Rechte vorbehalten.

Gestaltung
Umschlag: G. Pawlak, P. Rump (Layout), K. Werner (Realisierung)
Inhalt: G. Pawlak (Layout), K. Werner (Realisierung)
Fotos: siehe Bildnachweis S. 221
Landkarten: Thomas Buri

Da inhaltliche und sachliche Fehler nicht ausgeschlossen werden können, erklärt der Verlag, dass alle Angaben im Sinne der Produkthaftung ohne Garantie erfolgen und dass Verlag wie Autorin keinerlei Verantwortung und Haftung für inhaltliche und sachliche Fehler übernehmen.

Druck
Wilhelm & Adam, Heusenstamm

Bindung
Buchbinderei Keller, Fulda

ISBN 3-8317-1271-9
Printed in Germany

Dieses Buch ist erhältlich in jeder Buchhandlung Deutschlands, Österreichs, der Schweiz, Belgiens und der Niederlande. Bitte informieren Sie Ihren Buchhändler über folgende Bezugsadressen:

Die Nennung von Firmen und ihren Produkten und ihre Reihenfolge sind als Beispiel ohne Wertung gegenüber anderen anzusehen. Qualitäts- und Quantitätsangaben sind rein subjektive Einschätzungen der Autorin und dienen keinesfalls der Bewertung von Firmen oder Produkten.

Deutschland
Prolit GmbH, Postfach 9, D-35461 Fernwald (Annerod)
sowie alle Barsortimente
Schweiz
AVA-buch 2000, Postfach 27, CH-8910 Affoltern
Österreich
Mohr Morawa Buchvertrieb GmbH
Sulzengasse 2, A-1230 Wien
Niederlande, Belgien
Willems Adventure
Postbus 403, NL-3140 AK Maassluis

Wer im Buchhandel trotzdem kein Glück hat, bekommt unsere Bücher auch direkt über den Verlag oder unseren **Büchershop im Internet: www.reise-know-how.de**

Elfi H. M. Gilissen

Australiens Outback und Bush entdecken

Inhalt

8 Vorwort

10 Outback und Bush – einst und heute

12 Entstehungsgeschichte
15 Besiedlung durch die Weißen
18 Erhaltung der Natur

22 Highlights und Herausforderungen

24 Einführung
24 Silbergrüne Steppen, rote Savannen und endlose Wüsten
38 Tropische Regenwälder und Flusssysteme
45 Dichte Eukalyptuswälder und gemäßigte Bergregionen

54 Reisearten

56 Bushwalking
60 Motorisiert durch den Bush
64 Radwanderung per Mountainbike
66 Arbeit in Naturschutzprojekten

70 Planung und Vorbereitung

72 Die besten Reisezeiten für die Regionen
80 Buchung und Gepäck
82 Fahrzeug mieten
85 Offroad-Training
86 Bushwalk und Radwanderung
88 Unterkunft und Verpflegung
91 Genehmigungen und Parkpässe
94 Erste Hilfe und Survival
95 Versicherungen

INHALT

98 Ausrüstung

- 100 Notwendiges für jede Tour
- 111 Touren über Nacht
- 117 Offroad-Geländewagentouren

120 Naturgenuss: Flora und Fauna

- 122 Grundkenntnisse
- 127 Wissenswertes über Australiens Fauna
- 135 Tierbeobachtung
- 146 Wissenswertes über Australiens Flora

152 Gefahren in Outback und Bush

- 154 Sicherheit in Australien
- 155 Wetterbedingte Gefahren
- 162 Australischer Verkehr
- 170 Gefährliche Tiere

180 Wildnis-Etikette

- 182 Beitrag zum Naturschutz
- 188 Zum Schutz der Tiere
- 190 Geländepisten und Wanderpfade

194 Anhang

- 196 Ausgewählte Anbieter
- 199 Allgemeine Informationsquellen
- 199 Transport nach und in Australien
- 202 Genehmigungen
- 202 Literatur und Landkarten
- 215 Register
- 221 Bildnachweis
- 222 Übersichtskarte Australien
- 224 Die Autorin

Vorwort

In Australien lockt der Ruf der Wildnis. Seit der Besiedlung des australischen Kontinents durch Europäer vor knapp über 200 Jahren erkunden Botaniker, Biologen, Maler, Schriftsteller, Fotografen und Naturliebhaber die facettenreiche australische Natur. Es gibt aber noch viele Rätsel zu lösen, sodass auch der interessierte Tourist zum Entdecker der ersten Stunde werden kann.

Dieses Buch dient als praktischer Führer für alle Entdeckungsfreudigen, die sich nach dem einmaligen Abenteuer sehnen, das Outback über Sand- und Schotterpisten mit einem Allradfahrzeug oder gar Fahrrad zu durchqueren oder aber auf einer Bushwalk-Tour die exotische Tier- und Pflanzenwelt hautnah zu erleben. Es werden darüber hinaus Möglichkeiten zur Teilnahme an Naturschutzprojekten präsentiert, um einen Beitrag zur Erhaltung der unverwechselbaren australischen Natur leisten zu können. In diesem handlichen Praxis-Führer werden die unterschiedlichen australischen Landschaften mit ihren Highlights vorgestellt und Ratschläge gegeben, wie man das persönliche Abenteuer planen und im Detail vorbereiten sollte: Buchung einer Reise, Unterkunft, Verpflegung, Genehmigungen, Versicherungen, die passende Ausrüstung, Erste Hilfe und Survival. Zusätzlich werden Grundkenntnisse über Australiens Flora und Fauna, aber auch über die zu erwartenden Gefahren sowie die Etikette in Outback und Bush vermittelt, damit die Reise ein voller Erfolg werden kann. Im Anhang finden sich konkrete Kontaktadressen und Lesetipps, die bei der Ausgestaltung der Reise helfen.

Jetzt heißt es nur noch: Lassen Sie sich einfangen von der atemberaubenden Landschaft, Fauna und Flora Australiens!

Elfi H. M. Gilissen

VORWORT

Acknowledgements

I would like to thank Russell from Willis Walkabouts, for his inspiring photographs of bushwalks in Australias absolute wilderness; Noel from Grampians Personalized Tours & Adventures for his insights into the Grampians National Park; Rob at Tiger Trails for his pics on bushwalks in Tasmania; Alick and Willemina from Murchison Safari's for the pictures of true 4WD-adventures in the Aussie outback; John and Sue at Tag-Along Tours Broome for their pictures of 4WDing in northern Western Australia; Prue and Neil from Cooper Creek Wilderness for their pictures of the Daintrees rainforest creatures; Conservation Volunteers Australia for those fun shots of enthusiastic volunteers helping to preserve Australias splendid nature; Kevin at Landscope Expeditions for his pictures at conservation projects in Western Australia; Terry and Steve at Remote Outback Cycle Tours for views of their trips in the Red Centre; Brian from Brookes Australia Tours for his images of luxurious nature experiences; and Tom at Wilderness Challenge for some ideas on a different „bus"-tour around the Top End and Cape York.

A special thanks also goes to my new and old friends Huub Ressing, Evelien Schuurman, Gert Goesaert and Erwin Fielt, as well as my partner Andrew Tokmakoff and my colleague Andrea Buchspieß for their pictorial contribution to the book. It would not be the same without your support and I am sure that it will inspire my readers to dream of setting out onto memorable trips in the Aussie outback and bush!

Hinweise zur Benutzung

Bei Preisangaben steht das Zeichen $ für Australische Dollar. Der Wert eines Australischen Dollars entspricht zum Redaktionsschluss (August 2004) ca. 0,58 Euro bzw. 0,88 Schweizer Franken.

Den tagesaktuellen Wechselkurs kann man u. a. über den Currency Converter bei www.oanda.com abrufen.

Outback und Bush – einst und heute

▶ *Eine Pause an der Ndhala-Schlucht in den East Macdonnell Ranges, Northern Territory (Foto: Willis's Walkabouts)*

Outback und Bush – einst und heute

Einst und heute

Entstehungsgeschichte

Im Outback und im Bush weitab der australischen Großstädte eröffnen sich atemberaubende Landschaften, in denen das Naturerlebnis im Vordergrund steht. Das 7.692.024 km² große Australien ist der **flachste Kontinent** der Erde. Im Gegensatz zu Nordamerika und Europa, deren Landschaften durch die letzte Eiszeit vor rund 20.000 Jahren geprägt sind, wurde die heutige australische Landschaft vor vielen Millionen Jahren erschaffen, was Australien seine Einzigartigkeit verleiht.

▼ *Unvermittelt erheben sich Felsbrocken aus der savannenartigen Landschaft, hier The Olgas im Uluru - Kata Tjuta National Park*

Da Australien – abgesehen von der Antarktis – außerdem der **trockenste Kontinent der Erde** ist, hat es auf der einen Seite viele steppen-, savannen- und **wüstenartige Landschaften** mit unerwartet aufragenden Sandstein- und Kalksteinplateaus sowie dramatisch herabstürzende Schluchten zu bieten. Darüber hinaus überrascht die australische Natur mit verwaisten riesigen Felsbrocken in der

Entstehungsgeschichte

sonst flachen Landschaft wie z. B. dem bekannten, rotfarbenen Monolith Ayers Rock bzw. Uluru im Herzen Australiens.

Im krassen Gegensatz dazu steht die **tropische Vegetation** entlang des weltberühmten Korallenriffs Great Barrier Reef, wo nicht nur die Unterwasserwelt begeistert, sondern auch die teilweise ca. 135 Mio. Jahre alten Regenwälder Cape Yorks in der Nordspitze von Queensland. Dies ist eine der regenreichsten Regionen Australiens abgesehen von der Bergregion Tasmaniens und den australischen Alpen zwischen Melbourne und Canberra. Hier trifft man bei einer relativen Luftfeuchtigkeit von 65–85 % und einer durchschnittlichen Höchsttemperatur von 27–33 °C auf eine Fülle von exotischen Pflanzen und Tieren inmitten eines satten Grüns, von dem man im trockenen Herzen des Kontinents nur träumen kann.

Der dritte Landschaftstyp sind die **Wälder und das Bushland** in den gemäßigten Regionen im

▼ *Das krasse Gegenteil: Sumpfgebiet im Kakadu National Park (Foto: Brookes Australia Tours)*

ENTSTEHUNGSGESCHICHTE

▲ In den gemäßigten Regionen ist subtropischer Regenwald verbreitet

Südosten und Südwesten des Kontinents sowie auf der Insel Tasmanien.

Damit umfasst Australien eine Bandbreite an Klimaextremen, die mit denen von den provenzalischen Alpen über die Sahara bis zur Elfenbeinküste vergleichbar sind. Allerdings präsentiert sich die australische Landschaft in einem ganz anderen „Gewand", das es seiner Geologie sowie einmaligen Flora und Fauna zu verdanken hat!

Gemäß den Theorien des deutschen Meteorologen *Alfred Wegener* und des südafrikanischen Geologen *Alexander Su Toit* nimmt man heute an, dass sich der australische Kontinent vor ca. 55 Mio. Jahren vom südlichen **Superkontinent Gondwanaland** ablöste. Im Gegensatz zu Afrika, Indien und Südamerika, die ebenfalls Teile von Gondwanaland waren, stieß Australien nie mit Teilen von Laurasia, dem Superkontinent der nördlichen Hemisphäre, zusammen. Somit hatte Australien in den letzten

Besiedlung durch die Weissen

120 Mio. Jahren **keinerlei Kontakt mehr mit anderen Kontinenten.** Diesem Umstand verdankt der Kontinent das Überleben von Pflanzen- und Tierarten, die auf anderen Kontinenten ausstarben, wie z. B. das lebende Pflanzenfossil Wollemi-Kiefer, flugunfähige große Vögel wie Emus und Kasuare oder Kloakentiere wie Kurzschnabel-Ameisenigel und Schnabeltier. Andererseits entwickelten sich neue unverwechselbare Pflanzen- und Tierarten, die nirgends sonst auf der Welt existieren, wie die über 700 Arten von Eukalyptus, ca. 750 Arten von Akazien sowie ca. 100 Arten Beuteltiere wie Kängurus, die kleineren Kängurus (Wallabies), Wombats, Koalas etc.

Ebenso isoliert entfalteten sich mindestens 45.000 Jahre lang die einheimischen Völker auf dem Inselkontinent. Vereinfachend werden sie als **Aboriginals** oder **Aborigines** bezeichnet, wobei sie selbst erstere Bezeichnung bevorzugen. Der **Mungo Mann,** dessen Skelett man 1974 am seit 15.000 Jahren ausgetrockneten Mungo See in der Willandra-Seen-Region in New South Wales entdeckte und welcher der bislang älteste humanoide Schädel-Fund in Australien ist, wird auf ca. 40.000 Jahre datiert.

Besiedlung durch die Weißen

Seit der britische Kapitän *Arthur Phillip* im Jahre 1788 die erste britische Strafgefangenenkolonie auf dem australischen Kontinent im Gebiet des heutigen Sydney gründete, haben sich nicht nur die Lebensbedingungen für die einheimischen Völker stark verändert. Von dem Moment an, als die Besatzung und die Strafgefangenen an Bord der elf britischen Schiffe der Ersten Flotte an Land gingen, begann das Wachstum der kolonialen Siedlungen auf

Besiedlung durch die Weissen

dem ehemals unbekannten Südkontinent und damit der Prozess der **Urbanisierung und landwirtschaftlichen Nutzung.** Infolgedessen versuchten die neuen Einwohner die australische Wildnis zu zähmen und sie weitgehend aus ihrem Lebensraum zu verbannen bzw. sie in einen englischen Garten oder ein europäisches Landschaftsbild zu verwandeln. Es entstand das Konzept von der zivilisierten, urbanisierten Welt auf der einen Seite und dem wilden Outback auf der anderen.

Ins „da draußen" oder den *Back of Beyond* (sprich „hinter dem Jenseits") oder den *Never Never*, einen Ort, von dem man nie zurückkehrt oder nie gefunden wird, flüchteten die Strafgefangenen, die aus der Kolonie hatten entfliehen können. *Go bush* nennt man diese Abkehr vom zivilisierten Leben. Damit begann für die Flüchtlinge ein wahres Survivaltraining, denn abgeschnitten von ihren täglichen Essensrationen mussten sie ihre Nahrung in der unbekannten Flora und Fauna suchen. Nicht wenigen wurde dabei von der einheimischen Bevölkerung geholfen und wenn nicht, konnten sie zumindest von den Aboriginals abschauen, welche von den exotischen Tiere und Pflanzen überhaupt zum Verzehr geeignet waren.

In den über 200 Jahren seit der britischen Besiedlung Australiens ist von der australischen Landfläche **ca. ein Siebtel kahl geschlagen** worden. Selbst heute werden jährlich noch ca. 5000 km² bewaldete Flächen (in etwa so viel wie das gesamte Ruhrgebiet) für die Forstwirtschaft abgeholzt sowie mit Bulldozern und Chemikalien von einheimischen Pflanzen „gesäubert", um mehr landwirtschaftlich nutzbare Flächen zu schaffen.

Die roterdigen Ebenen in New South Wales und Queensland westlich der Great Dividing Range wurden zu Zeiten der boomenden Wollindustrie Australiens von den riesigen, nimmersatten Schaf-

Besiedlung durch die Weissen

▲ Viadukte an der ersten Eisenbahntrasse durch die Great Dividing Range von Sydney nach Bathurst

herden auf ewig verändert und weiter im Westen stampften die Rinderherden das Antlitz des Südkontinents platt. Denn die einheimischen Pflanzen fielen nicht nur der Gefräßigkeit dieser importierten Tierarten zum Opfer, sondern gleichermaßen der durch ihre Hufe verursachten Erosion. Überdies hat die Bergbauindustrie tiefe Wunden in Australiens Landschaft gegraben und die zunehmende **Übersalzung der Böden** als Folge des Kahlschlags und der Bewässerungsmethoden vermindert unaufhaltsam die Artenvielfalt der Flora und Fauna.

Von den 36 Säugetierarten, die weltweit in den vergangenen 200 Jahren ausgestorben sind, waren die Hälfte australische. Darüber hinaus sind heute weitere 50 Säugetierarten in Australien **vom Aussterben bedroht.** Aus diesem Grund spricht man in Australien von einer Artenvielfaltskrise und ist bemüht durch Forschung, Naturschutz und -erhaltung die negativen Tendenzen zu stoppen und die Artenvielfalt nachhaltig zu bewahren.

Erhaltung der Natur

Die hohe Aussterbensrate hat Australien der **Einführung von nicht-einheimischen Tierarten** wie z.B. Fuchs und Katze zu verdanken, die bevorzugt die kleinen, auf dem Boden lebenden Tiere verspeisen. Darüber hinaus konkurrieren weitere nicht-einheimische Tierarten wie Kaninchen, Ziegen und Schweine mit den einheimischen Beuteltieren um Nahrung. Diese importierten Tiere sind obendrein für den starken Kahlfraß verantwortlich, der zusammen mit dem Kahlschlag das Aussterben von vielen Pflanzenarten bewirkt hat.

Erhaltung der Natur

▼ *Blick ins Jamison Valley, Blue Mountains - das von Eukalyptus-Wäldern geprägt ist*

Relativ früh setzten sich Naturliebhaber in Australien für die Erhaltung der Natur ein. Bereits 1879 wurde der **Royal National Park** im Süden Sydneys gegründet, womit er nach dem Yellowstone National Park in den USA der zweitälteste Nationalpark der Welt ist.

ERHALTUNG DER NATUR

In der Gebirgskette der Great Dividing Range entstand gegen Ende des 19. Jh. entlang der Eisenbahnstrecke von Sydney nach Bathurst eine Reihe von Städten, die sich als Luftkurorte für die geplagten Stadtmenschen Sydneys einen Namen machten. Die **Blue Mountains** mit der gesunden Bergluft der Eukalyptuswälder lernte man erstmals für den Naturtourismus zu schätzen, statt diese nur als forstwirtschaftliches Objekt zu betrachten. Der Visionär *Myles Dunphy* schlug 1932 den Schutz des Gebietes als Nationalpark vor. 1931 kauften passionierte Wanderer aus Sydneys ↗Bushwalking-Clubs einem Landbesitzer im Grose Valley ein Stück Land ab, um die Abholzung der *Blue Gums (Eucalyptus saligna)* – einer typischen Eukalyptusart vor Ort – zu verhindern.

Bushwalking *oder Bushwalk nennt man in Australien eine Wanderung durch die Natur.*

Heute zählt das Gebiet der Greater Blue Mountains, zu dem auch sieben umliegende Nationalparks und die Jenolan-Karsthöhlen gehören, zu den insgesamt 15 australischen Naturschönheiten auf der **UNESCO-Welterbeliste.**

Erhaltung der Natur

▲ *Durchqueren des Huskisson-Flusses in Tasmania – beim Bushwalking erlebt man die Natur besonders intensiv (Foto: Tiger Trails)*

Von der Landfläche Australiens stehen heute zumindest ca. 60.110.000 ha unter Schutz, das sind 7,8 % der Gesamtfläche des Kontinents. Dazu maßgeblich beigetragen haben die Kampagnen der 1976 gegründeten Nonprofit-Organisation **Wilderness Society** (www.wilderness.org.au), die sich für den Erhalt der australischen Artenvielfalt einsetzt – insbesondere für den Schutz der alten Waldflächen. Einst ebenso wie Greenpeace und die 1972 in Australien ins Leben gerufene weltweit erste politische Partei *The Greens* (Die Grünen) für ihre Aktionen belächelt, sind alle drei heute ein fester Bestandteil der australischen Bewegung zur Erhaltung der natürlichen Schönheit des Kontinents.

In den letzten 20 Jahren hat man erkannt, dass die australische Natur für die Wirtschaft in Form von Tourismus von unschätzbarem Wert ist. Der Tourismussektor wird als positive Alternative zu den landschaftszerstörenden Wirtschaftszweigen Berg-

ERHALTUNG DER NATUR

bau, Land- und Forstwirtschaft gewertet. Insbesondere in den Bundesstaaten Western Australia, South Australia, Tasmania, Queensland und auch im Northern Territory werden vermehrt Strategien für einen verträglichen **Naturtourismus** entwickelt, damit das natürliche Kapital auch in der Zukunft noch vermarktet werden kann. Wilderness, Wildlife und Wildflowers sind die Schlagworte, mit denen für das Erlebnis unverdorbener Natur geworben wird.

Landwirte, die durch Umweltprobleme wie z. B. die Übersalzung der Böden zum Umdenken gezwungen wurden, setzen ihre Kenntnisse über den Outback nun zunehmend im Bereich Tourismus ein und leisten einen Beitrag zur bestmöglichen Regeneration der landwirtschaftlich genutzten Flächen.

Passionierte Aussies gründen neue Unternehmen, um dem Naturtouristen die ganze Pracht Australiens zu zeigen, sei es durch tagelange **Bushwalks, Radwanderungen** oder **Geländewagenabenteuer.**

Für all diejenigen, die selbst aktiv zur Erhaltung der Artenvielfalt beitragen möchten, gibt es ein steigendes Angebot von **Naturschutzprojekten,** an denen man auch als ausländischer Besucher teilnehmen kann (siehe Kapitel „Arbeiten in Naturschutzprojekten", S. 66).

Highlights und

▶ Eine Naturschutzgruppe von Landscope Expeditions bei einem Auftrag in der Carnarvon Range, Western Australia

HERAUSFORDERUNGEN

Highlights und Herausforderungen

Einführung

Der australische Kontinent hat viel zu bieten. Im Herzen beherbergt er den wahren Outback mit seiner wüstenartigen Landschaft und besonders zähen Tier- und Pflanzenarten. Der tropische Bush im Norden ist das genaue Gegenteil mit seinem Regenreichtum und der sattgrünen Vegetation, in der schillernd bunte Tiere anzutreffen sind. Darüber hinaus gibt es noch den Bush in den gemäßigten Breiten, dessen Landschaftsbild nur ansatzweise an heimatliche Gefilde in Europa erinnert mit den alpinen Gebirgsketten im Hinterland der Hauptstadt Canberra und auf Tasmanien. Hinzu kommen ca. 61.700 km Küstenlinie mit Korallenriffen, Kalksteinklippen und traumhaften Stränden, auf die im Rahmen dieses Buches jedoch nicht näher eingegangen werden kann.

Silbergrüne Steppen, rote Savannen und endlose Wüsten

Der bedeutende britische Entdecker *Matthew Flinders* hatte Ende der 1790er Jahre die Theorie aufgestellt, es müsse sich ein riesiger Inlandsee im Herzen Australiens befinden. Der Grund für diese Vermutung war darin begründet, dass alle Flüsse, auf die man bislang im Osten Australiens gestoßen war, landeinwärts flossen, statt zur Küste. Der Entdecker *Charles Sturt* folgte den Flussläufen des Macquarie und Darling auf der Suche nach dem Inlandsee und traf bei der Expedition 1828–29 nur auf salzige Rinnsale und extrem arides Land im Landesinneren.

Bei der Expedition 1829–30 folgte er den verschiedenen Flussarmen des Murrumbidgee, stieß

SILBERGRÜNE STEPPEN ...

dabei auf den bereits von *Hamilton Hume* entdeckten Murray (der vom Entdecker Hume getauft wurde) und die Mündung des Darling in den Murray. *Hume* folgte dem Lauf bis zur Mündung ins Meer beim Alexandrina-See südlich von Adelaide. Obwohl damit bewiesen war, dass die drei größten Flüsse des Ostens, Murrumbidgee, Darling und Murray, nicht zu einem riesigen Inlandsee flossen, blieb *Sturt* dabei, dass es einen solchen Inlandsee geben müsse und wagte 1844–46 eine erneute Expedition. Von Adelaide kämpfte er sich immer weiter nach Norden in das Herz des Kontinents vor, stieß aber nur auf **unwirtliches Wüstenland** und gab schließlich die Idee von einem Inlandsee ganz auf. Bei seinem dritten Anlauf durchquerte *John McDouall Stuart* 1862 schließlich als Erster den Kontinent von Süden nach Norden.

Heute ist das Herz Australiens komplett kartographiert und ein Blick auf die Landkarte verrät die Namen der großen Wüstengebiete: 284.993 km² Great Sandy Desert, 109.613 km² Little Sandy Desert und 292.194 km² Tanami Desert, die man als erfahrener Geländewagenfahrer über die ungefähr 1500 km lange **Canning Stock Route** durchqueren kann. Die Fahrt ist ein echtes Survivaltraining und führt gesäumt von 50 alten Brunnen zum Tränken des Viehs über die Viehtreiberstrecke, die von *Alfred Canning* Anfang des 20. Jh. angelegt, jedoch nie viel genutzt wurde. Die Strecke streift den größten Nationalpark Western Australias: den **Rudall River National Park.** Salzseen, Sanddünen, flache, steinige Steppe und Savannen mit Eukalyptusbäumen finden sich entlang der Wasserlinie des Rudall-Flusses. Mehr als 90 Vogelarten gibt es in dem Nationalpark sowie 17 einheimische Säugetiere und 59 Reptilien. Wer sich hierher wagt, begibt sich in die wahre Wildnis, die in den vergangenen 200 Jahren kaum Menschen gesehen hat.

NATIONALPARKS UND OUTBACKPISTEN

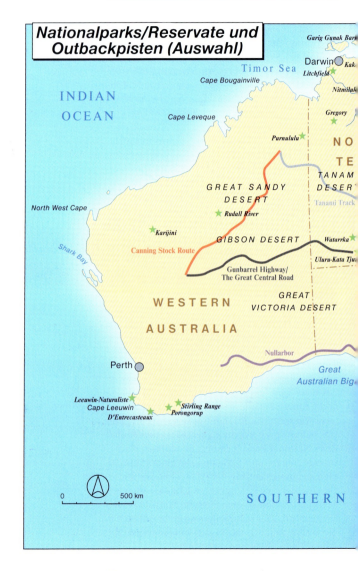

NATIONALPARKS UND OUTBACKPISTEN

Silbergrüne Steppen ...

▲ *Unterwegs im Karijini National Park mit Willis's Walkabouts*

Auf der gleichen Höhe wie der Rudall River National Park liegt der bequem auf einer asphaltierten Straße erreichbare **Karijini National Park** im so genannten Pilbara – der reichsten Goldgräberregion Western Australias.

Das an Stachelschweine erinnernde, kugelrund geformte *Porcupine Grass (Triodia scariosa)* wächst auf der semi-ariden Gesteinswüste und Bäume wie der *Ghost Gum (Corymbia dallachiana)*, eine Eukalyptusart mit gespenstisch weißer Rinde, heben sich vereinzelt in der Landschaft hervor.

Nach einem Regen breitet sich ein faszinierender Teppich an Wildblumen aus. Dazwischen findet man Akazien und violettes *Mulla Mulla (Ptilotus rotundifolius)*, in dem Kängurus, Euros und Felswallabies herumhüpfen, während Geckos, Goannas, Pythons etc. davonhuschen.

Südlich von der Great Sandy Desert mit ihren hohen, roten Sanddünen liegen die 155.530 km² große Gibson Desert und die 211.068 km² umfas-

Silbergrüne Steppen ...

sende Great Victoria Desert. Diese Wüstengebiete bilden zusammen mit der Tanami Desert einen großen Flickenteppich aus **Aboriginal-Land,** welches die Ureinwohner des Kontinents seit Verabschiedung des Aboriginal Land Rights Act (Gesetz über die Landrechte von Aboriginals) 1976 nach und nach zurückerhalten haben.

Zu diesem Aboriginal-Land gehört im Northern Territory der **Uluru – Kata Tjuta National Park,** der 1987 von der UNESCO zum Welterbe erklärt wurde. Mitten aus der flachen Landschaft – überzogen von Spinifexgras und kugeligem Salzbusch sowie einigen wenigen gelb blühenden Akazien – ragt der Monolith Uluru (Ayers Rock) 348 m anmutig aus der Ebene; der Gipfel liegt 863 m über dem Meeresspiegel. Bei seinem Anblick versteht man sofort, warum das riesige Felsgebilde für die Anangu, den örtlichen Aboriginals, ein heiliger Ort ist; insbesondere wenn man ihn wie empfohlen bei Sonnenaufgang und Sonnenuntergang umwandert

▼ *Rot leuchtet der Uluru (Ayers Rock) in der Abendsonne*

SILBERGRÜNE STEPPEN ...

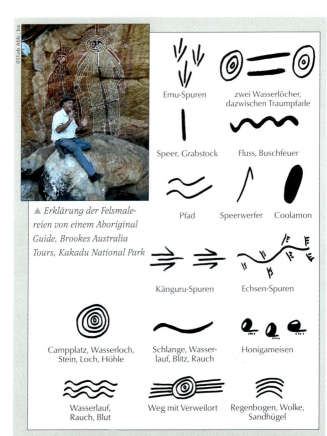

▲ *Erklärung der Felsmalereien von einem Aboriginal Guide, Brookes Australia Tours, Kakadu National Park*

Emu-Spuren

zwei Wasserlöcher, dazwischen Traumpfade

Speer, Grabstock

Fluss, Buschfeuer

Pfad

Speerwerfer

Coolamon

Känguru-Spuren

Echsen-Spuren

Campplatz, Wasserloch, Stein, Loch, Höhle

Schlange, Wasserlauf, Blitz, Rauch

Honigameisen

Wasserlauf, Rauch, Blut

Weg mit Verweilort

Regenbogen, Wolke, Sandhügel

Felsmalereien der Aboriginals

Auf dem ganzen Kontinent gibt es eine reiche kulturelle Hinterlassenschaft der Aboriginals aus 40.000 bis 45.000 Jahren zu entdecken. Damit man die vorgefundenen Felsmalereien und -gravierungen auch ansatzweise zu interpretieren vermag, ist ein Besuch in den kulturellen Zentren der Nationalparks mehr als empfehlenswert.

Silbergrüne Steppen ...

und das mystisch wirkende Lichtspiel und die Farbveränderungen auf dem Felsen beobachtet. Bei den 36 separaten Kuppeln der **The Olgas (Kata Tjuta)** soll es sich vor ein paar Millionen Jahren noch um einen einzigen Monolithen gehandelt haben, der noch höher aus der flachen Landschaft herausragte als Uluru.

Hier im Zentrum des Kontinents befindet man sich in der Heimat der größten Beuteltierart der Welt: den mannshohen **Roten Riesenkängurus** mit ihrer rotbraunen Fellfärbung. Sie sind heute zahlreicher als vor Ankunft des weißen Mannes. Denn sie profitieren von dem von Menschen gebauten Dingozaun, der ihnen lästige Raubtiere vom Hals hält. Darüber hinaus gibt es durch die vielen Viehtränken im Outback auch keinen absoluten Wassermangel mehr in den ariden Gebieten im Herzen Australiens. Das Känguru ist ein nationales Symbol Australiens, das zusammen mit dem **Emu** auf dem australischen Staatswappen zu sehen ist. Dieser größte Vogel Australiens kann wegen eines fehlenden Brustbeines ebenso wenig fliegen wie der verwandte afrikanische Straußenvogel. Man sieht diese flugunfähigen Vögel im Zentrum Australiens in Gruppen durch die Weite rennen und es hat manchmal den Anschein, als versuchten sie mit dem Fahrzeug Schritt zu halten.

Im Uluru – Kata Tjuta National Park endet der **Lasseter Highway,** benannt nach *Harold Lasseter,* der Anfang des 20. Jh. unweit der Grenze zu Western Australia eine fabelhafte Goldader gefunden haben soll. Bei der erneuten Suche nach der Ader verendete er qualvoll an Hunger und Durst in der Wüste. Das Rätsel um sein Gold wurde nie gelöst und auch die vielen Expeditionen, die in den vergangenen Jahren danach gesucht haben, konnten alle nichts finden. Setzt man den Weg fort nach Western Australia, fährt man zwischen der Gibson

SILBERGRÜNE STEPPEN ...

Desert im Norden und der Great Victoria Desert im Süden über den Gunbarrel Highway oder die Great Central Road. Mit ihren roten Sanddünen, den niedrigen immergrünen Eukalyptusbüschen, die nach einem seltenen Regenguss prächtige gelbe Blüten treiben, hartem gelblichen Gras und einer unglaublichen Stille ist sie einer der Klassiker unter den Geländewagenpisten durch die australischen Wüsten. Man begegnet dort wilden Kamelen, Dingos, Emus und Kängurus. Allerdings führt ein Teil der Strecke durch Aboriginal-Land, für dessen Durchquerung man eine nicht leicht zu bekommende Genehmigung benötigt.

Wem die Offroad-Strecken zu anstrengend und gefährlich sind, kann eine andere Art der Wüste auf dem asphaltierten Eyre Highway quer durch die **Nullarbor-Ebene** von Western Australia nach South Australia erleben. In den Wintermonaten kann man hier von dem semi-ariden Karstplateau die bis zu

▼ *Dieser Radfahrer durchquert die Nullarbor Plain, ein Abstecher zur Great Australian Bight gehört dazu (Foto: Remote Outback Cylce Tours)*

Silbergrüne Steppen ...

17 m langen Südkaper bzw. Südliche Glattwale (*Southern Right Whale, Eubalaena australis*) beobachten, die in diesen Gewässern kalben. Das Karstplateau erstreckt sich über 209 m entlang der Great Australian Bight und fällt durchschnittlich als 80 m hohe Steilwand abrupt zum Meer hin ab. Es ist der südlichste Teil der Great Victoria Desert und sein Name „Nullarbor" deutet an, dass es dort keine Bäume gibt (Latein: *arbor* = Baum). Die Straße zieht sich Kilometer um Kilometer nur stur geradeaus durch eine gräuliche monotone „Mondlandschaft". Die Hitze ist in den Sommermonaten unerträglich und bewegt sich oft über 45 °C. Hier begegnet man manchmal einer wilden Kamelhorde, einer Gruppe Riesenkängurus oder dem selten gewordenen südlichen Haarnasenwombat, der mit seinem kompakten Körper und Fellfalten irgendwie an einen Mops erinnert.

Eine weitaus weniger flache, aride Landschaft findet man in den **Flinders Ranges** in South Australia vor. Die Region eignet sich denn auch ebenso gut für Erkundungen mit dem Geländewagen wie zu Fuß. Ab dem kleinen Städtchen Quorn begeben sich Outbackfans auf die Schotterpiste, die zu den nahe gelegenen Warren- und Buckaringa-Schluchten führt, wo die seltenen Gelbfußkängurus (*Yellow-footed Rock-Wallabies, Petrogale xanthopus*) anzutreffen sind. Im Flinders Ranges National Park kann man interessante ein- oder mehrtägige Bushwalks durch den kraterförmigen Wilpena Pound unternehmen, dessen höchster Gipfel mit 1170 m der St. Mary's Peak ist. In der Luft sieht man oft den größten Raubvogel Australiens kreisen: den Keilschwanzadler, der es auf eine Spannweite von bis zu 2,3 m bringt. In der Abend- oder Morgendämmerung begegnet man reichlich *Wallabies,* die bevorzugt in der kühleren Tageszeit auf Waldlichtungen grasen.

SILBERGRÜNE STEPPEN ...

▲ *Auf dem Mt Ohlssen Bagge, (994 m) in den Flinders Ranges*

Durch den Wilpena Pound verläuft der insgesamt 1144 km lange **Heysen Trail,** eine nach dem deutschstämmigen Maler *Hans Heysen* benannte Bushwalk-Route, entlang derer der Maler die Motive für seine berühmten Gemälde der australischen Landschaft fand. Für die gesamte Strecke von Cape Jervis bis zu den nördlichen Flinders Ranges braucht man zu Fuß 55–70 Tage. In den Sommermonaten ist der Trail allerdings in seiner Gesamtlänge grundsätzlich wegen Buschbrandgefahr geschlossen.

In Lyndhurst nördlich der Flinders Ranges endet der nach dem polnischen Grafen *Paul Edmund de Strzelecki* benannte **Strzelecki Track.** Diese beliebte Outbackpiste, die bei trockenem Wetter durchaus mit einem Zweiradantrieb zu bewältigen ist, führt von der Stadt Innamincka an der Grenze zu Queensland durch die wüstenartigen Naturreservate Innamincka Regional Reserve und Strzelecki Re-

Silbergrüne Steppen ...

gional Reserve am Rande der trostlos steinigen Strzelecki Desert. Nach einem Regenguss erblüht hier ein wahrer Teppich an Wildblumen auf den Sanddünen und Vogelfreunde kommen an den Wasserlöchern von Cooper Creek auf ihre Kosten.

Nördlich von Lyndhurst gibt es noch zwei Outbackpisten ab Marree. Der in den 1880er Jahren eingerichtete **Birdsville Track** führt nach Birdsville in Queensland, im Westen flankiert von der Tirari Desert und im Osten von der Sturt Stony Desert und der Strzelecki Desert. Hier entlang wurden einst riesige Rinderherden von Queensland zur Eisenbahnlinie in Marree getrieben, um in Adelaide verkauft zu werden. Weil es entlang der Strecke keine natürlichen Wasserlöcher gab, bohrte die südaustralische Regierung in 50-km-Abständen artesische Brunnen, um den Durst von Mensch und Tier zu stillen. Ungefähr alle zwei Jahre kann man an dem Viehtreiben auf der Strecke teilnehmen. Der nächste Great Australian Cattle Drive findet Ende April 2005 statt. Nach einem Regenfall verwandelt sich die Strecke in eine verräterische Schlammrutsche, auf der man kaum noch voran kommt. Zur Regenzeit ist jedoch auch die Brutzeit vieler Wüstenvogelarten, die man dann aus nächster Nähe beobachten kann. In der trockenen Jahreszeit ist die Strecke locker mit einem guten Zweiradantrieb befahrbar.

Der Birdsville Track ist eine der Strecken, die den berühmten **Dingozaun** quert, der sich von South Australia über 5400 km Länge quer durch den Kontinent bis nach Queensland erstreckt und somit zweieinhalb Mal länger ist als die Chinesische Mauer. Er schützt die Weideplätze der Rinder und Schafe im Osten des Kontinents vor dem Dingo. Reinrassige Dingos können nämlich im Gegensatz zum Hund nicht springen und bleiben somit auf der Westseite des Zaunes.

Silbergrüne Steppen ...

Der 617 km lange **Oodnadatta Track** folgt von Marree größtenteils der alten Ghan-Eisenbahnstrecke nach Oodnadatta. Es bietet sich ein Abstecher zum 8000 km² großen **Eyre-See** an. Er ist Australiens tiefster Punkt und der größte Salzsee der Welt, der allerdings nur nach einem starken Regenguss Wasser enthält und Tausende von Vögeln anlockt. Dann ist das Wasser bis zu neunmal salziger als Meereswasser, sodass sogar Echsen und Skorpione in dieser Region nicht überleben können. Die besondere Faszination dieser toten Landschaft liegt nicht zuletzt in der gleißenden Helligkeit der reflektierenden weißen Salzkruste.

An der Grenze zum Northern Territory liegt der **Witjira National Park,** in dem sich die schönste Wüstenoase Australiens befindet: Dalhousie Springs. Dies ist um so überraschender, als der Nationalpark am Rand der wohl trockensten Wüste Australiens gelegen ist: der **Simpson Desert** mit ihren vom Wind geformten Wellen aus feuerrotem Sand. Die Wüste kann man auf diversen Pisten mit dem Geländewagen von Oodnadatta nach Birdsville durchqueren und dabei die ganze Faszination der Wüste erfahren. Allerdings sollte man auch den nötigen Respekt vor dieser Landschaft mitbringen, denn Leichtsinn bezahlt man hier nur allzu schnell mit seinem Leben. In Dalhousie Springs kann man fremdartige Wesen wie den Beutelmull sowie wunderbare Vögel, Pythons und Echsen zu sehen bekommen.

Umringt von all diesen Wüsten liegt die Stadt Alice Springs wie eine Oase im Süden des Northern Territory. Sie wird eingefasst von der bergigen Landschaft der MacDonnell Ranges. Im **West MacDonnell National Park** wechseln sich sanfte Hügel mit schroffen Felswänden, Flussläufen und Wasserlöchern ab. Das alles zeigt sich in den Farben von sonnengebleichtem Orange, Braun und Violett,

SILBERGRÜNE STEPPEN ...

angereichert mit den sanften Grüntönen der Eukalyptusbäume und -sträucher sowie der Palmfarne (die wahrscheinlich bereits im Paläozoikum vorhanden waren) und anderer seltenen Farne und Silberbaumgewächse wie der Hakea. Hier hüpfen kleine Felskängurus herum und eine Vielfalt von Echsen und Vögeln sind zu beobachten. In der Region gibt es neben zahlreichen Wander- und Fahrradwegen sowie Pisten für Geländewagen außerdem den 223 km langen **Larapinta Trail** für einen ausgedehnten Bushwalk.

Von Alice Springs kann man z. B. über den nur allradtauglichen Mereenie Loop einen Abstecher zum Watarrka National Park machen, besser bekannt als **Kings Canyon.** Die tiefe Schlucht mit den

◀ *Fast senkrecht ragen die Felsen im Kings Canyon empor*

fast vertikalen Felswänden schließt eine wohlig grüne Oase ein – und das inmitten der wüstenartigen Umgebung.

Von Alice Springs gibt es auch noch eine letzte Herausforderung unter den Wüstendurchquerungen: den **Tanami Track** durch die Tanami Desert. Endlos scheint die flache unwirtliche Landschaft, auf der nur Salzbusch zu wachsen scheint und aus der riesige Termitenhügel aufragen, die in der Nacht von Termiten fressenden Beuteltieren aufgebrochen werden. Die Strecke ist vergleichsweise gut in Schuss, denn sie wird von der Goldmine in der Tanami-Wüste instand gehalten, damit das Gold abtransportiert und z. B. Treibstoff mit riesigen LKWs angeliefert werden kann. Hat man die Grenze zu Western Australia überschritten, führt die Piste vorbei am **Wolfe Creek Crater.** Er ist der zweitgrößte Meteoritenkrater der Welt und soll über eine Million Jahre alt sein.

Tropische Regenwälder und Flusssysteme

Die Nordhälfte des australischen Kontinents wird bestimmt von tropischem Klima, einer dichten tropischen Vegetation und tückischen Sumpfgebieten, die der Erschließung durch die Kolonisten Einhalt boten. Der deutschstämmige Entdecker *Ludwig Leichhardt* verschwand 1848 spurlos bei seinem zweiten Versuch, den Norden Australiens von Brisbane aus zum Gulf of Carpentaria zu durchqueren. Beim ersten Versuch 1842 war seine Expedition wegen Tropenkrankheiten zur Rückkehr gezwungen worden. Auch bei *Edmund Kennedys* Expedition in den Nordzipfel von Cape York im gleichen Jahr überlebten von 13 Männern nur drei. Bis heute hat sich die unwirsche Wildnis erhalten und die

Tropische Regenwälder ...

Bevölkerungsdichte ist gering, denn nur wenige halten es bei dem Klima lange aus. Dieser Wildheit hat Cape York zu verdanken, dass es dort noch uralte Regenwälder gibt, die nicht abgeholzt wurden, weil sie schlicht kaum zugänglich waren.

Subtropisch geprägt zeigt sich **Fraser Island** nördlich von Brisbane. Sie ist die größte Sandinsel der Welt, die als Teil des Great Sandy National Parks seit 1992 bei der UNESCO als Welterbe gelistet ist. Die großen weißen Sanddünen und die überraschenden Enklaven von subtropischem Regenwald kann man sowohl mit einem Geländewagen als auch zu Fuß erkunden. Vogelfreunde kommen ganz besonders auf ihre Kosten, aber die Sichtung eines Dingos, dem wilden Hund Australiens, gehört ebenso zu den Highlights wie die Beobachtung von migrierenden Buckelwalen, die zur Brutzeit in den Wintermonaten aus den kalten Gewässern der Antarktis in die wärmeren Gefilde an Australiens Küsten wandern.

Diese großen Meeressäuger kann man sogar noch näher bei Brisbane von **Stradbroke Island** oder **Moreton Island** aus sichten. Beide Inseln sind weitere Paradiese für passionierte Vogelbeobachter, Bushwalk-Fans und Geländewagenfreunde.

An der Grenze zu New South Wales findet man in den subtropischen Regenwäldern des **Lamington National Parks** und des **Border Ranges National Parks** eine reiche Fauna vor: verschiedene Wallabies, kleinere Beuteltiere, den vom Aussterben bedrohten Riesenbeutelmarder sowie zahlreiche Reptilien und Vögel. Darunter ist auch das Großfußhuhn, welches sich farblich mit seinem roten Hals und gelben Kehllappen deutlich vom Dickicht absetzt. Nachts gibt es Eulenschwalme zu entdecken, die wahren Camouflagespezialisten unter den australischen Eulen. Wasserfälle und die Täler rundum bieten zusätzlichen Augenschmaus.

Tropische Regenwälder ...

Will man den Spuren der großen australischen Entdecker folgen, rückt man zu einem Allradabenteuer in den tropischen Norden aus, wo die Zivilisation endgültig aufhört. Der **Cape York Track** in die nördlichste Spitze des australischen Kontinents folgt größtenteils der Schneise für die in den 1880er Jahren gelegte Telegrafenverbindung. Etwas nördlich von Cairns gibt es keine asphaltierten Straßen mehr und somit gehört diese Outbackpiste zu den Favoriten für versierte Geländewagenfans. Auf dem Weg liegen viele Nationalparks und Schutzgebiete, die vor exotischen Tier- und Pflanzenarten nur so strotzen.

Wenig echte Wildnis, aber dafür jede Menge wilde Tiere kann man in den **Atherton Tablelands** unweit von Cairns antreffen. Die Region, die einst intensiv für die Milchwirtschaft genutzt wurde, bietet vor allem auf einer Nachtwanderung oder nächtlichen Kanutour die Möglichkeit verschiedenste Possums und manchmal sogar eine beeindruckend schöne Diamantpython zu erspähen. In den Flüssen kann man mit etwas Geduld in der frühen Morgen- oder späten Abenddämmerung auch Schnabeltiere mit ihrem wuchtigen, entenähnlichen Schnabel und weichen, biberartigen Fell beobachten. Bei Tage kann man dem Schlangenhalsvogel beim Fischen zuschauen.

Im **Daintree National Park,** bestehend aus dem Mossman-Gorge-Teil und dem Cape-Tribulation-Teil nördlich von Cairns, gibt es die ältesten und ursprünglichsten Regenwaldgebiete Australiens, die als Bestandteil der Wet Tropics Australiens von der UNESCO 1988 als Welterbe eingestuft wurden. Viele Pflanzenarten gehen auf die Zeit vor mehr als 120 Mio. Jahren zurück, als Australien noch ein Teil von Gondwanaland war. Cycadeen *(Cycad spp.),* Feigenbäume, haushohe Palmen, grünes Dickicht, Mangroven, eine facettenreiche Insektenwelt, far-

TROPISCHE REGENWÄLDER ...

◀ *Dschungeltour im Daintree-Welterbegebiet mit Cooper Creek Wilderness*

benfrohe flugunfähige Kasuare, wunderschöne Echsen und Frösche, kleine Beuteltiere und das seltene Bennett's Baumkänguru lassen sich hier entdecken.

Im Anschluss an den Cape York Track wird die Reise gern entlang dem Gulf of Carpentaria nach Nordwesten über den Savannah Way fortgesetzt (früher Gulf Track und Great Top Road). Im gesamten tropischen Norden befindet man sich in der Heimat des äußerst gefährlichen Leistenkrokodils, das dort in den estuarinen Flussläufen und -mündungen anzutreffen ist (dort wo sich Meereswasser und Süßwasser vermischen – in der Regensaison bis zu 200 km ins Landesinnere!). Also heißt es, Schwimmen kann tödlich sein! Eine Abkühlung ist daher in der tropischen Schwüle nicht leicht zu finden.

Tropische Regenwälder ...

Auf dem Weg nach Katherine im Northern Territory kann man von Borroloola dem **Roper River Track** folgen, der von Kalksteinhöhlen, wunderschönen Karstgebilden, Thermalquellen und vielem mehr gesäumt ist. Das alles in der typischen eher niedrigwüchsigen Bush-Landschaft des **Top End,** wie man die Nordspitze des Northern Territory nennt. Hier dominieren Farne, Feigen-, Kajeput- und die struppigen Pandanusbäume mit ihren riesigen Früchten, die an Ananas erinnern.

Direkt bei Katherine liegt der Nitmiluk National Park, besser bekannt als **Katherine Gorge,** ein Schluchtensystem mit hohen grauen und orangen Felswänden, ausgehöhlt durch den Katherine-Fluss. Hier leben Kängurus, kleinere Beuteltiere und auch die vergleichsweise harmlosen Australienkrokodile, die sich lieber von kleineren Tieren als von Menschen ernähren. Das ausgedehnte Schluchtensystem kann sowohl auf spannenden Bushwalks als auch vom Kanu aus erkundet werden.

▼ *Weite Sumpfflächen prägen den Kakadu National Park*

Tropische Regenwälder ...

Weiter nördlich erstreckt sich der **Kakadu National Park,** der sowohl wegen seiner natürlichen Schönheit als auch wegen seiner reichen Fundstellen von prähistorischer Kunst der Aboriginals schon 1981 von der UNESCO als Welterbe ausgezeichnet wurde. Das ausgedehnte Sumpfgebiet (halb so groß wie die Niederlande) ist für seine gefährlichen Leistenkrokodile und sein reiches Vogelleben gleichermaßen bekannt. Hier führen Brolga-Kraniche ihre berühmten Tänze auf, gibt es die majestätischen Riesenstörche mit ihren tiefschwarzen Hälsen und langen Schnäbeln oder Elsterreiher mit dunkelblau schillerndem Gefieder.

Im Northern Territory sind 42 % der Gesamtfläche Aboriginal-Land und dürfen ohne schriftliche Erlaubnis der Aboriginals nicht betreten werden. So auch Arnhem Land, das man durchqueren muss, um zur **Gove Peninsula** mit ihren unverbrauchten Stränden zu gelangen. Durch Arnhem Land muss man ebenfalls, wenn man zum **Garig Gunak Barlu National Park** auf der Cobourg-Halbinsel möchte. Auf der Fahrt durchkreuzt man tropische Wälder auf staubigen Pisten, um am Ende mit mariner Wildnis belohnt zu werden.

Südlich von Darwin befindet sich der **Litchfield National Park** mit seinen zum Schwimmen geeigneten Wasserlöchern und hübschen Wasserfällen inmitten der typischen Vegetation des Top End. Hier tummeln sich ebenfalls Australienkrokodile und bis zu einem halben Meter lange Warane streifen umher. Bekannt ist der Nationalpark auch für die Baukunst der örtlichen Termiten, die ihre Hügel alle an der Nord-Süd-Achse ausrichten, weswegen man sie im Englischen fälschlicherweise als „magnetisch" bezeichnet *(Magnetic Termite Mounds)*.

Verlässt man das Top End in Richtung Western Australia, findet man auf dem Weg den **Gregory National Park** mit seinen tiefen Schluchten, Steil-

Tropische Regenwälder ...

▲ Im Litchfield National Park laden Wasserfälle und -löcher (billabongs) zum Baden ein

hängen aus Sandstein und dickstämmigen australischen Affenbrotbäumen, die mit dem Baobabbaum auf Madagaskar verwandt sind. In Western Australia angekommen, liegt am südöstlichen Rand des **Kimberleyplateaus** der 2003 von der UNESCO zum Welterbe ernannte **Purnululu National Park.** Sein berühmtes Kernstück sind die roten Karstkegel der Bungle Bungles, deren Formen mit ihren abwechselnd dunklen und rötlichen Gesteinslagen an Bienenkörbe erinnern. In Wassernähe stolziert hier oft das Kammblatthühnchen herum, ein Vogel mit einer kuriosen roten Hornkappe. Entlang des Great Northern Highway in Richtung Broome liegt das **Mornington Wildlife Sanctuary,** wo es ca. 180 Vogelarten zu beobachten gibt, aber auch den markant gepunkteten, hundgroßen Tüpfelbeutelmarder, eine Fleisch fressende Beuteltierart.

Die 3700 km lange Route von Cairns bis Broome hat sich in den vergangenen Jahren zu einer beliebten Geländewagenstrecke gemausert, die als

Dichte Eukalyptuswälder ...

Savannah Way bekannt geworden ist (früher Gulf Track und Great Top Road). Seit Juni 2004 gibt es zum Planen eines Trips über die Strecke auch die Website www.savannahway.com.au. Der Savannah Way folgt zwischen Roper Bar und Normanton dem Weg, den sich der deutsche Entdecker *Ludwig Leichhardt* 1845 bahnte und wo er schließlich spurlos verschwand.

Dichte Eukalyptuswälder und gemäßigte Bergregionen

Die dicht bewaldeten Bergregionen im Süden des Kontinents machten der ersten australischen Strafgefangenenkolonie in Sydney Cove schon binnen der ersten 30 Jahren ihrer Existenz Probleme. Der Grund: Es war einfach kein Weg durch die scheinbar unüberwindlich steilen Klippen der **Great Dividing Range** zu finden, was eine Expansion nach Westen unmöglich machte. 1813 fanden die drei Entdecker *Gregory Blaxland, William Charles Wentworth* und *William Lawson* schließlich einen Weg. Der Ausweitung der Kolonie stand nichts mehr im Weg.

Dieser Abschnitt der Great Dividing Range bei Sydney wird **Blue Mountains** genannt wegen der ätherischen Öle der zahlreichen Eukalyptusarten, die sich wie ein blauer Dunst über die dicht bewaldete Landschaft legen. Dieser Nationalpark steht mit sieben weiteren angrenzenden Nationalparks und den Jenolan-Karsthöhlen als Greater Blue Mountains Area seit dem Jahr 2000 auf der UNESCO-Welterbeliste. Dazu gehört auch der **Wollemi National Park** – ein echtes Wildnisgebiet in New South Wales, in dem man 1994 auch die Wollemi-Kiefer *(Wollemi Pine, Wollemia nobilis)*

DICHTE EUKALYPTUSWÄLDER ...

fand, von der es nur noch knapp 100 ausgewachsene Bäume gibt. Diese Kiefernart zählt zu den ältesten und seltensten Pflanzen aus der Gattung der Araukariengewächse bzw. Schmucktannen. Sie geht auf die Zeit der Dinosaurier zurück und ist auf die südliche Erdhälfte beschränkt. In den Jenolan-Karsthöhlen kann man verschiedenste Fledermäuse beobachten und sogar bisher unbekannte Spinnenarten entdecken.

Im nördlichen Teil der Great Dividing Range in New South Wales gibt es im **Washpool National Park** und im **Gibraltar Range National Park** eine artenreiche Fauna zu entdecken. Mit etwas Glück kann man in der Wildnis sogar Koalas antreffen, die man sonst nur mit Mühe aufspüren kann, weil sie gut 20 von 24 Stunden hoch oben in den Bäumen den Rausch ausschlafen, in den sie durch den Konsum der toxischen Eukalyptusblätter fallen. Diese beiden Parks sind bislang von den Touristenmassen verschont geblieben, weil sie weitab der australischen Metropolen in den Bergen liegen.

Der **Kosciuszko National Park** erstreckt sich über den südlichen Teil der Great Dividing Range von Canberras Westen bis an die Grenze zu Victoria. Hier ragt der 2228 m hohe Mount Kosciuszko als höchster Berg aus den so genannten australischen Alpen empor. Und tatsächlich könnte das Landschaftsbild an die Alpen erinnern, wäre da nicht die deutlich andere Flora und Fauna. Zusammen mit der Bergregion Tasmaniens ist es das einzige Gebiet Australiens, wo es im Winter schneit.

Der **Cradle Mountain – Lake St. Clair National Park** beherbergt mit dem 1617 m hohen Mount Ossa und dem pittoresken 1545 m hohen Cradle Mountain eines der beliebtesten Wandergebiete Tasmaniens. Der teilweise mit Wanderstegen versehene, 73 km lange **Overland Track** ist bequem zu begehen und schützt die Natur vor unseren „Tram-

Dichte Eukalyptuswälder ...

▲ Vom Gipfel des Cradle Mountain ist der Overland Track zu erkennen

pelfüßen". Sofern man zur richtigen Tageszeit unterwegs ist, kreuzt dabei immer mal ein Nacktnasenwombat, ein Wallaby sowie eines der vielen anderen kleinen Beuteltiere den Weg. Die Begegnung mit einem Beutelteufel *(Tasmanian Devil)* in der Wildnis ist unwahrscheinlich, denn die Tiere sind extrem scheu und machen einen großen Bogen um den Menschen. Am ehesten begegnet man ihnen leider bei einem Zusammenstoß mit dem Mietfahrzeug, weil sie als Aasfresser die leckeren Happen von der Straße picken und sich damit in Gefahr bringen. In den Flüssen Tasmaniens hat man gute Chancen, in der Morgen- oder Abenddämmerung ein Schnabeltier zu sichten, wenn man sich ganz ruhig verhält.

Der Cradle Mountain – Lake St. Clair National Park gehört mit dem südlicheren Franklin Gordon Wild Rivers National Park, dem Southwest National Park sowie weiteren angegliederten Nationalparks und Schutzgebieten zur 1982 von der UNESCO als

Dichte Eukalyptuswälder ...

Welterbe ausgezeichneten **Tasmanian Wilderness**. Das Gebiet wird besonders geschätzt für seine landschaftliche Schönheit, die kathedralenhohen Wälder, deren Bäume teilweise auf Arten von vor 60 Mio. Jahren zurückgehen, sowie seine uralten Koniferen wie z. B. die Tasmanische Huon-Kiefer (*Huon Pine, Lagarostrobus franklinii*). Auf Tasmanien wachsen nicht nur einige endemische Pflanzenarten, sondern hier leben auch einige Tierarten, die auf dem australischen Festland längst ausgestorben sind. Australische Naturschützer möchten die nordwestliche Waldregion **Tarkine** unter Schutz gestellt wissen, damit sie nicht wie der Osten der Insel dem Kahlschlag der Holz- und Agrarindustrie zum Opfer fällt. Im Tarkine findet man nicht zuletzt über 50 gefährdete oder vom Aussterben bedrohte Tier- und Pflanzenarten. In den Wasserläufen trifft man auf die weltweit größte Süßwasserkrebsart, den Tasmanischen Riesenhummer (*Tasmanian Giant Freshwater Lobster, Astacopsis gouldi*).

Im Osten Tasmanias sind nur im **Freycinet National Park** auf der Freycinet Halbinsel sowie im **Maria Island National Park** auf der gleichnamigen Insel kleine Wildnisgebiete erhalten geblieben. Bei Bushwalks kann man wilde Tiere in einer prächtigen marinen Umgebung sichten.

Bruny Island ist ideal für die Beobachtung von Vögeln, darunter auch die kleinsten Pinguine der Welt. Die Zwergpinguine kommen allabendlich nach Einbruch der Dunkelheit an Land, um in den frühesten Morgenstunden wieder zum Fischen ins Meer zu ziehen. Es ist erstaunlich mit anzusehen, wie diese kleinen flugunfähigen Vögel auf ihren zwei Beinen die steilsten Berghänge hochhüpfen, egal wie vollgefressen ihre Bäuche sind.

In Victoria ist und bleibt der viel besuchte **Grampians National Park** ein Highlight für die gestressten Melburnians. Allerdings muss man dieses Fleck-

DICHTE EUKALYPTUSWÄLDER ...

chen mit entsprechend vielen Touristen teilen, die auch etwas von der Aussicht auf die schroffen Felsformationen mit ihren Wasserfällen, der typischen australischen Flora und der Vogelwelt der gemäßigten Breiten haben möchten. In den Ebenen der Grampians trifft man größere Emupopulationen an. Außerdem sind unter den 40 Beuteltierarten im Park auch alle Klassiker vom Känguru bis zum Koala anzutreffen.

Ein weiterer Favorit der Melburnians ist der **Wilsons Promontory National Park,** 200 km südlich von Melbourne auf einem vom Meer umspülten Landzipfel, der wundervolle Ausblicke auf die Bass Strait zwischen Australien und Tasmanien zulässt. 30 verschiedene Beuteltierarten zählt man hier, darunter viele nachtaktive Tiere, wie Kaninchenkängurus, Beutelmausarten, Schmalfußbeutelmäuse, Gleitbeutler und kleine Possumarten, aber auch größere Beuteltiere, wie Kängurus, Koalas und Nacktnasenwombats.

▼ *Mit Grampians Personalised Tours & Adventures auf dem Wallaby Rock im Grampians National Park*

KÜSTENLANDSCHAFTEN

Küstenlandschaften

Australien ist von einer ca. 61.700 km langen Küste mit atemberaubenden Landschaften und Abschnitten ursprünglicher Wildnis umgeben. Zu den größten Touristenattraktionen gehört die **Great Ocean Road** *in Victoria, wo die so genannten 12 Apostel aus dem Meer ragen. Das sind Kalksteinsäulen, die vom Küstenlauf getrennt in der Gischt emporragen.*

In South Australia bieten die einsamen Sanddünen im **Coorong National Park** *über 200 Vogelarten eine Heimat. In den Sommermonaten sind darunter selbst Zugvögel aus Sibirien, die zum Überwintern hierher kommen. Aber auch der anmutige Brillenpelikan, die kecken Austernfischer mit ihren roten Augen, roten Schnäbeln und roten Beinchen oder die wundervoll schwarzen Schwäne mit ihren roten Schnäbeln (weiße Schwäne sind in Australien keine einheimische Art) sind dort anzutreffen.*

▼ An der Great Ocean Road stemmen sich die „12 Apostel" gegen die Wucht des Meeres

KÜSTENLANDSCHAFTEN

Von South Australia bis Western Australia erstrecken sich entlang der Great Australian Bight karge Karststeinplateaus und einsame Strandabschnitte im **D'Entrecasteaux National Park,** wo man auch mit dem Geländewagen fahren darf. Von hier aus lassen sich in den Wintermonaten hervorragend die überwinternden Wale beobachten. Zu den schönsten Nationalparks an der Küste gehört sicherlich der **Leeuwin – Naturaliste National Park** im äußersten Südwesten Western Australias. Denn dieser hat Kalksteingrotten und Wasserfälle in satter grüner Umgebung zu bieten. Über eine Strecke von 135 km lässt es sich seit 2001 auf dem Cape to Cape Track wunderbar vom Cape Naturaliste im Norden nach Cape Leeuwin im Süden wandern. Da auf der Route u. a. die berühmte Weinstadt Margaret River liegt, kann man unterwegs auch mal bequem in Unterkünften übernachten und den hervorragenden Wein Western Australias verköstigen.

▼ *The Natural Bridge am Albany Beach im Südwesten Australiens*

Dichte Eukalyptuswälder

In South Australia kommen Tierliebhaber ganz besonders auf Kangaroo Island auf ihre Kosten, wo man im **Flinders Chase National Park** neben Koalas, niedlichen Zwergpinguinen, vielen Echsen, gefährlichen Schlangen, Hühnergänsen und Emus auch noch viele kleine Beuteltiere entdecken kann.

Im Südwesten von Western Australia zwischen Perth und Albany erstrecken sich in der **Peel-Region** ausgedehnte Wälder mit bis zu 40 m hohen Jarrahbäumen *(Eucalyptus marginata)* und farbenfrohen Teppichen von Wildblumen im Frühling. Noch weiter südlich, in der **Southern-Forests-Region,** begeistern die Wälder mit ihren majestätischen, bis zu 90 m hohen Karribäumen *(Eucalyptus diversicolor)* und einer wilden Küstenlandschaft. Neben der charakteristischen Flora hat die Region auch eine reiche Tierwelt zu bieten. Auf den Granitfelsen der Region sonnen sich interessante Echsen, aber auch mehr und weniger giftige Schlangen. In der Morgen- oder Abenddämmerung werden die Beuteltiere aktiv.

Durch dieses Gebiet führt auch der 963 km lange **Bibbulmun Track** von Perth nach Albany. Folgt man diesem markierten Wanderpfad von Anfang bis Ende braucht man 6–8 Wochen. Man kann aber auch nur Teilabschnitte als Tagestour zurücklegen. Für diejenigen, die ungern zu Fuß unterwegs sind, aber gerne mit dem Mountainbike, gibt es eine ungefähr parallel verlaufende Mountainbikestrecke, den **Munda Biddi Trail,** der alten, ungenutzten Eisenbahntrassen folgt.

Dramatischer ist das Landschaftsbild im **Stirling Range National Park,** dessen schroffe Berggipfel sich krass von den Ebenen rundum absetzen, die im Frühling einem einzigen bunten Teppich gleichen. Western Australia ist schließlich in ganz Australien berühmt für seine Wildblumenpracht. Der bekannteste Felsen der Stirling Range ist Bluff Knoll, denn

DICHTE EUKALYPTUSWÄLDER

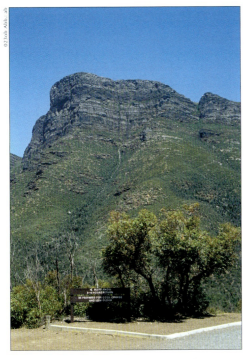

◀ *Ein schweißtreibender Anstieg führt auf den Bluff Knoll im Stirling Range National Park*

er ist mit fast 1095 m der höchste Gipfel in der Südhälfte von Western Australia.

Auch der nahe gelegene **Porongorup National Park** bietet fabelhafte Ausblicke.

Reisearten

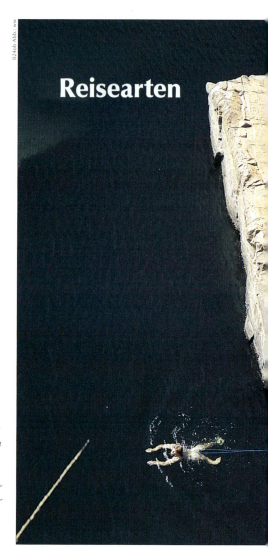

▶ Mit Willis's Walkabouts geht es wirklich durch die Wildnis: Auf dieser Tour muss man seinen Toursack schwimmenderweise trocken ans andere Ufer bringen.

REISEARTEN

Die australische Wildnis erleben wie die ersten Entdecker, gezielt auf die Suche nach faszinierenden Tierarten gehen, sich für einen längeren Zeitraum bei Naturschutzprojekten einsetzen oder ganz einfach auf den touristisch erschlossenen Pfaden ein Stück Natur genießen – je nach persönlicher Zielsetzung gibt es bei der Planung und Gestaltung unterschiedliche Schwerpunkte zu berücksichtigen. Generell gilt, dass je ursprünglichere Natur man erleben möchte, desto weiter weg muss man sich entfernen von den Bundeshauptstädten, in denen sich die internationalen Flughäfen befinden.

Bushwalking

Bei dieser Reiseart ist das Naturerlebnis selbstverständlich am größten. Die langsame Fortbewegungsart weit abseits der Straßen und Siedlungen garantiert, dass man viele faszinierende Tiere und Pflanzen aus nächster Nähe zu sehen bekommt und die einzigartige Landschaft hautnah genießen kann. Je mehr Zeit man investieren kann, desto intensiver wird das Erlebnis.

Es gibt eine Vielzahl von Veranstaltern solcher Bushwalks vor Ort, deren Angebote von einer halbstündigen Wanderung durch einen Bush-Abschnitt in einem der Nationalparks bis hin zu einem sechswöchigen Marsch in menschenleerer Wildnis variieren. Entsprechend unterschiedlich sind die körperlichen Anforderungen.

Man kann solche Bushwalks natürlich auch auf eigene Faust durchführen. Sind mehrtägige Wanderungen geplant, muss man aber entsprechend mehr Zeit auf die Vorbereitungen verwenden und nicht zuletzt auch einiges an Sicherheitsvorkehrungen treffen, denn in der australischen Wildnis ist man wirklich auf sich allein gestellt.

Bushwalking

▲ Geführte Tour durch den Back Canyon im Watarrka National Park, Northern Territory (Foto: Willis's Walkabouts)

Mehrstündige Bushwalks

In fast allen australischen Nationalparks sind Wanderwege ausgeschildert mit Angaben über Länge, Dauer und Schwierigkeitsgrad, sodass man die Parks durchaus **ohne Führer** erkunden kann, sofern man nicht in die entlegeneren Gebiete vordringt. Die Kurzzeitwanderungen, die maximal einen halben Tag in Anspruch nehmen, kann meist jede gesunde Person mit durchschnittlicher Fitness leicht bewältigen.

Beim Park-Besucherzentrum erhält man verlässliches **Kartenmaterial,** damit längere und schwierigere Routen ebenfalls auf eigene Faust bewältigt werden können. Allerdings wird bereits bei tagesfüllenden Wanderungen davon abgeraten, allein auf Wanderschaft zu gehen. Man sollte mindestens zu zweit sein, damit man sich im Fall der Fälle gegenseitig helfen kann.

In vielen Nationalparks werden regelmäßig **von Parkaufsehern geführte Touren** veranstaltet, die in der Regel leicht bis mittelschwer eingestuft werden.

BUSHWALKING

Ob, wo und wann solche Führungen stattfinden, erfährt man auf den Websites oder in den Besucherzentren der Nationalparks (siehe „Anhang", Seite 199).

Überdies offerieren **private Anbieter** Bushwalks durch die touristischeren Nationalparks. Dafür wird in Prospekten geworben, die in Hotels, Jugendherbergen, Touristeninformationen und an ähnlichen Stellen in der nächstgelegenen Stadt ausliegen.

Mehrtägige Bushwalks

Sobald auch nur eine Übernachtung in der Wildnis eingeplant wird, ist ein höheres Maß an **körperlicher und geistiger Fitness** gefragt. Dabei spielt es keine Rolle, ob man 10 oder 80 Jahre alt ist. Man sollte sich bewusst sein, dass man bei mehrtägigen Touren in der Lage sein muss, seinen 8–18 kg schweren Rucksack mit komplettem Gepäck und Proviant zu tragen. Ein ausreichendes Maß an Fitness hat man, wenn man mit einem 8-kg-Rucksack eine Strecke von 10 km locker in 2,5 Stunden zurücklegen kann.

Bushwalk-Führer
Im Anhang gibt es eine kleine Auswahl empfehlenswerter Bushwalk-Führer (s. S. 203).

Man übernachtet zudem bei langen Wanderungen **in einfachen Zelten** inmitten der Wildnis, was nicht jedermanns Sache sein mag. Je nach Gebiet bahnt man sich querfeldein einen Weg, d. h., es gibt keine vorgegebenen Pfade. Dies ist auf eigene Faust nur mit extrem guter Vorbereitung und mit entsprechender Erfahrung zu bewältigen. In der Regel sollte man sich daher besser einem mit dem Terrain und den Gegebenheiten vertrauten Führer anschließen.

Erfahrene Wildniswanderer sollten ein solches Unternehmen aus Sicherheitsgründen mindestens mit zwei Begleitern planen. So kann einer im Notfall Hilfe holen, während der andere dem Verunglückten hilft.

Bushwalking

Eine besondere Variante sind die derzeit 18 **markierten Langstrecken** Australiens, die man wahlweise in ihrer Gesamtlänge oder nur in Teilstücken zurücklegen kann (siehe www.john.chapman.name/longwalk.html). Dazu gehören der **Bibbulmun Track** in Western Australia und der **Heysen Trail** in South Australia, die bereits im Kapitel „Highlights und Herausforderungen" kurz vorgestellt wurden. Bei der Planung und Gestaltung einer Wanderung über diese Langstrecken helfen oftmals entsprechende Organisationen wie die Bibbulmun Track Foundation bzw. die Friends of the Heysen Trail (Adressen siehe „Anhang", S. 197).

◂ *Auf mehrtägigen Touren ist das komplette Gepäck durch die teils wegelose Wildnis zu tragen (Foto: Willis's Walkabouts)*

Motorisiert durch den Bush

Die riesigen Distanzen auf dem Kontinent machen die Nutzung eines Fahrzeuges unvermeidlich, insbesondere wenn man abseits der Metropolen die Wildnis erkunden möchte. **Safari** nennt man in Australien das Abenteuer, mit einem Geländewagen über ungeteerte Schotter- und Sandpisten durch das Outback zu kurven – mit der Jagd auf wilde Tiere hat dies in Australien nichts zu tun. Bei einer Geländewagentour auf den Outbackpisten kommt **das Element Abenteuer** mit ins Spiel. Wem das Navigieren in der Wildnis jedoch zu viel ist, kann auch auf den geteerten Straßen bleiben, aber dann verpasst er auch die wahre australische Wildnis.

Offroad-Touren

Das australische Straßennetz beläuft sich auf 810.000 km und davon sind ca. 80% einfache Schotterpisten. Diese Outbackpisten sind bei Geländewagenfahrern äußerst beliebt. Allen voran die ehemaligen **Kamelrouten** in South Australia: Oodnadatta Track, Birdsville Track und Strzelecki Track sowie die **Viehtreiberroute** Canning Stock Route in Western Australia.

Veranstalter
Im Anhang gibt es eine kleine Auswahl empfehlenswerter Anbieter von Konvoi-Fahrten und Offroad-Training (s. S. 196).

Wer noch nie mit einem Geländewagen im Gelände gefahren ist, sollte seine erste Tour besser in der Gruppe als so genannte **Tag-Along-Tour** (Konvoi-Fahrt) planen, um unter fachkundiger Anleitung auf längeren Strecken Erfahrungen sammeln zu können. So wird man unter sicherem Geleit in Winkel Australiens geführt, die nicht immer auf der Karte eingezeichnet sind und man bekommt die australische Natur gekonnt von einem Aussie erklärt. Auf einer direkt beim australischen Veranstalter gebuchten Tour kann man zudem interessante Rei-

Motorisiert durch den Bush

▲ *Stopp zum morning tea auf der Cape Leveque Road, Kimberleys (WA). Auf Bulldust, wie sich dieser ganz feine Staub nennt, kommt man leicht ins Schwimmen. (Foto: Tag-Along Tours Broome)*

sebekanntschaften mit vornehmlich australischen Mitstreitern machen und die ein oder andere neue Freundschaft schließen.

In Europa kann man im Reisebüro einige wenige solcher Konvoi-Fahrten buchen, die von einem deutschsprachigen Führer begleitet werden und bei denen man zum Einstieg ein Geländewagen-Training erhält. Man muss auf jeden Fall gerne Auto fahren, denn das kann gerade bei Offroad-Touren auf langen Distanzen relativ ermüdend sein.

Wer sich nicht sicher ist, ob das Geländewagen-Fahren etwas für ihn ist, kann z. B. auch schon daheim mit einem Mietfahrzeug an einem **Offroad-Training** im Gelände teilnehmen. Die meisten Anbieter offerieren auch gleich einen Kurs im GPS-Navigieren.

Motorisiert durch den Bush

▲ Mit Wilderness Challenge erkundet man die Natur am Cape York, Queensland, in kleiner Gruppe

Wenn man schon erfahren ist, sollte man dennoch mindestens im Konvoi von **zwei Fahrzeugen** unterwegs sein, damit man sich gegenseitig helfen kann. Alles andere ist nicht nur leichtsinnig, sondern schlichtweg lebensgefährlich.

Touren auf Asphalt

Für wen die unasphaltierten Straßen, geschweige denn die Offroadpisten nichts sind, dem wird ein Stück wahrer australischer Wildnis weitgehend verschlossen bleiben. Über die asphaltierten Straßen erreicht man jedoch durchaus die touristisch erschlossenen **Nationalparks** bzw. die großen touristischen Highlights wie Ayers Rock, The Olgas, Kings Canyon, Katherine Gorge, Kakadu National Park, Blue Mountains National Park, Great Barrier Reef, Fraser Island, Great Ocean Road, Nambung National Park, Kalbarri National Park, Monkey Mia, Ningaloo Reef, Karijini National Park und The

Motorisiert durch den Bush

Bungle Bungles (auf dem Kimberleyplateau). Vor Ort kann man sich dann noch immer per Bushwalk zu Fuß weiter in die Wildnis vorwagen.

Für diese Art der Fortbewegung sind günstige **Fly-&-Drive-Angebote** bei europäischen Reisebüros buchbar, die einen Hin- und Rückflug nach Australien, z. B. drei Wochen Mietwagen, Campervan oder Geländewagen mit Zelt sowie eine Hotelübernachtung für die erste Nacht enthalten. Diese Angebotspakete sind vielfach preisgünstiger als Flug und Autoanmietung unabhängig zu buchen.

Vorwiegend über asphaltierte Straßen führt auch eine Fülle an **Rundreisen,** die von australischen Veranstaltern auch über die Australienspezialisten in Europa angeboten werden. Die Vorteile einer solchen Gruppenrundreise liegen auf der Hand, man muss sich nur eine schöne Reise aus einem der Anbieter-Kataloge aussuchen und schon kann man die Koffer packen. Bucht man in Europa, hat man speziell bei Busreisen oftmals eine deutschsprachige Reiseleitung, was besonders ältere Generationen mit weniger guten Englischkenntnissen beruhigt. Wenn man nicht viel Zeit hat und sich eine Reise nach Australien unter Umständen nur einmal im Leben leisten kann oder möchte, bekommt man auf diese Weise auch möglichst viel in wenig Zeit zu sehen. Man muss vor Ort keine kostbare Urlaubszeit damit vergeuden, den Transport von A nach B oder die Unterkunft für die nächste Nacht zu arrangieren. Die Vorbereitungszeit ist gering und man bekommt den größtmöglichen Komfort geboten, der in Outbackhotels und -motels möglich ist.

Es gibt solche Gruppenreisen auch als **Campingreise** mit Unterbringung in Zelten, bei denen üblicherweise gemeinsam gekocht wird. Ein Nachteil kann jedoch sein, dass für individuelle Wünsche aufgrund des festgesteckten Zeitplans kaum Spielraum besteht.

Reisearten

Radwanderung per Mountainbike

Generell gilt für die großen wie regionalen Rundreisen, dass man das Gros der Zeit leider in Flugzeugen und/oder Bussen von A nach B verbringt und so von der großartigen Natur nur die **gängigsten touristischen Highlights** zu sehen bekommt. Für ein intensiveres Naturerlebnis sollte man sich idealerweise zu Fuß im Bush fortbewegen oder aber im Geländewagen mit der Option, jederzeit anhalten und eine Region zu Fuß zu erkunden zu können.

Radwanderung per Mountainbike

Literaturtipp
„Handbuch Mountainbiking" von RALLE K. !, Reise Know-How Verlag, Bielefeld. Das ideale Handbuch für angehende Mountainbiker: Materialkunde, Kaufberatung, Fahrtechnik, praktische Tipps und vieles mehr.

Mit dem Fahrrad ist man natürlich wesentlich schneller als zu Fuß. Gleichzeitig ist man langsam genug, um wesentlich mehr Details von der Landschaft, der Flora und Fauna zu sehen, als wenn man im motorisierten Fahrzeug vorbeibraust. Man legt auch automatisch schneller mal eine Pause zum Fotografieren oder Bewundern der Natur ein.

Aber lange Fahrradtouren über den australischen Kontinent stellen **höhere Ansprüche an die Fitness,** denn die warmen Temperaturen machen der Kondition stark zu schaffen. Es gilt daher noch mehr als bei Bushwalks oder der motorisierten Fortbewegung, die **ideale Jahreszeit** für ein solches Erlebnis zu wählen. Veranstalter bieten diese Art von Outback-Radwanderungen daher immer nur in den Wintermonaten bzw. in der Trockenzeit an. Auf diese Zeiten sollte man sich auch beschränken, wenn man eine Radwanderung auf eigene Faust plant.

Verständlicherweise gibt es im Outback bzw. in der Wildnis wenig Infrastruktur in Form von Hotels, Restaurants oder Supermärkten und daher werden die Touren der Veranstalter bequemerweise **durch ein Fahrzeug begleitet,** das entlang der 4–32-tägigen Tour den Proviant liefert. So kann man sich re-

Radwanderung per Mountainbike

◀ *In der Gruppe von Remote Outback Cycle Tours macht die Mountainbiketour selbst auf ewig geraden, Strecken noch Spaß, denn man lernt unter den Teilnehmern neue Freunde kennen.*

lativ gefahrlos auch in das tiefste Outback begeben. Man radelt in kleinen Gruppen und lernt auf diese Weise noch nette Aussies oder auch Menschen aus aller Welt kennen. Obendrein bekommt man alle großen touristischen Highlights im Outback mal auf eine ganz andere Weise zu sehen.

Plant man eine solche Reise ohne Veranstalter, kommt es leicht zu großen logistischen Problemen, die nicht einfach zu lösen sind. Selbst die Durchquerung von einem relativ überschaubaren Gebiet wie Kangaroo Island in South Australia schließen Selbstfahrer nur zu oft mit den Worten „einmal und nie wieder" ab. Im Anhang gibt es eine Buchempfehlung zu einem Titel, in dem zwei Aussies ihre Erfahrungen von ihrer Tour entlang der Nordküste Australiens zusammengetragen haben.

Einfacher eigenständig zu bewältigen, sind hingegen die so genannten Rail Trails – das sind Mountainbikestrecken, die alten Eisenbahntrassen durch die Wildnis folgen. Der Interessanteste ist der **Munda Biddi Trail** in Western Australia und verläuft mehr oder weniger parallel zur bereits vorgestellten Wanderroute Bibbulmun Track (siehe „Mehrtägige Bushwalks", S. 58).

Arbeit in Naturschutzprojekten

▲ *Die Sonnenuntergänge im ariden Outback bei den Peterman Ranges in Western Australia sind einfach spektakulär (Foto: Remote Outback Cycle Tours)*

Er soll über fast 1000 km von Perth nach Albany führen, wovon bislang der Abschnitt von Perth nach Collie fertig ausgebaut ist und für 2005 erwartet man die Fertigstellung bis nach Albany.

Arbeit in Naturschutzprojekten

Eine aufregend andere Art, Australiens Outback und Bush zu erleben, ist die Mitarbeit an einem konkreten mehrwöchigen Naturschutzprojekt vor Ort. Auf diese Weise lernt man einerseits die australische Flora und Fauna sehr genau kennen und andererseits gleichgesinnte Menschen aus Australien und der ganzen Welt. Wichtiger ist jedoch, dass man einen Beitrag zur **Erhaltung der australischen Artenvielfalt** leistet. Und dies sowohl durch den körperlichen Einsatz als auch durch die recht hohen

ARBEIT IN NATURSCHUTZPROJEKTEN

Teilnahmekosten, die als freiwillige Spende zu verstehen sind, aber natürlich auch Unterkunfts-, Verpflegungs- und Transportkosten im Rahmen des Projektes abdecken.

Voraussetzungen für die Teilnahme an dieser Arbeit sind Englischkenntnisse, Teamfähigkeit, Kontaktfreude sowie Spaß an der freien Natur bei jedem Wetter. Außerdem sollte man natürlich körperlich fit sein, denn die Arbeit an den Projekten verlangt schon einiges an Körpereinsatz, wenn man täglich von ca. 8 bis 16 Uhr im Einsatz ist.

Die Art der Unterbringung ist vom Einsatzort abhängig und kann in Hostels, Wohnwagen, Schafschererquartieren, Holzhütten, auf Zeltplätzen o. Ä. erfolgen.

Die Projekte bei **Conservation Volunteers Australia** (www.conservationvolunteers.com.au) bestehen z. B. aus dem Einrichten von naturgerechten Wanderwegen im Uluru – Kata Tjuta National Park (Ayers Rock – The Olgas), der Unterstützung von Wissenschaftlern bei der Untersuchung von Kurzschnabel-Ameisenigeln auf Kangaroo Island in South Australia, dem Entfernen von nicht-einheimischem Unkraut von Sydneys Hafenbuchtinseln oder der Schaffung von Habitatkorridoren für die flugunfähigen Kasuare am Mission Beach in Queensland. Man arbeitet unter Anleitung von erfahrenen Projektbetreuern in **kleinen Gruppen** von 6 bis 10 Teilnehmern über 4 oder mehr Wochen an verschiedenen Projekten, die man bei der Buchung auswählen kann.

Die Projekte von **Landscope Expeditions** (www.naturebase.net) sind eher wissenschaftliche Feldarbeit, bei der Daten für die spätere Auswertung im Labor der Universität von Western Australia gesammelt werden. Das Einsatzgebiet ist auf Western Australia beschränkt. Man kann somit Zeuge von neuesten Erkenntnissen über eine Spezies wer-

Arbeit in Naturschutzprojekten

▲ *Ein Team von Conservation Volunteers Australia baut neue Begrenzungspfähle an der Küste South Australias, damit der empfindliche Dünenbereich von den parkenden Autos nicht zerstört wird*

den. Selbst muss man jedoch kein Wissenschaftler sein. Sofern man mindestens 13 Jahre alt ist, kann jeder mit ins Feld und z. B. sieben Tage lang eine bestimmte Riesenschildkrötenart in Shark Bay für wissenschaftliche Beobachtungen markieren, 14 Tage lang an der Kimberley-Küste Pflanzenarten sammeln, pressen und die Funde dokumentieren oder 14 Tage mit einem Geländewagen in der Gibson Desert Informationen über Pflanzen sammeln.

Die in Amerika gegründete Organisation **Earthwatch** (www.earthwatch.org) unterhält eine Zweigstelle in Australien und lädt Freiwillige ein, bei wissenschaftlichen Projekten mitzuarbeiten, die sich vor allem mit dem Schutz von australischen Tieren befassen. Zurzeit laufen z. B. Projekte zum Aufspüren von samenverteilenden Tierarten im tropischen Regenwald, zum Sammeln von Daten über bedrohte Beuteltierarten in den gemäßigten Breiten und zur Untersuchung des Ökosystems von Koalas.

Arbeit in Naturschutzprojekten

Eine weitere Nonprofit-Organisation, bei der man ab zwei Wochen bis zu zwei Monate lang Naturschutzarbeit absolvieren kann, ist **Bush Heritage** (www.bushheritage.org) mit ihren zurzeit 14 Naturreservaten. Die Organisation hat sich vor allem dem Schutz von einheimischen wilden Tieren verschrieben und so umfasst die Feldarbeit z. B. Zäune ausbessern und Markieren von Tieren, aber auch die Ausmerzung von schädlichem Unkraut. Denn wo sich das nicht-einheimisches Unkraut oder auch bestimmte nicht-einheimische Baumarten breitmachen, verschwindet der natürliche Habitat der einheimischen Tiere.

Bei der **Australian Wildlife Conservancy** (www.australianwildlife.org), die in ganz Australien 12 Schutzgebiete für einheimische Tierarten unterhält, heißt man die Hilfe von Freiwilligen ebenfalls willkommen. Allerdings gibt es keine konkreten Projektangebote, sondern man kann sich bei Interesse an die Organisation wenden.

Planung und Vorbereitung

▶ Remarkable Rocks auf Kangaroo Island

Planung und Vorbereitung

Die besten Reisezeiten für die Regionen

Das australische Klima ist bekanntermaßen insgesamt um einiges sonniger und niederschlagsärmer als das unserer Breiten. Entgegen der landläufigen Meinung, dass dort immer die Sonne scheint, gibt es in Australien jedoch auch Schnee, Hagel, Regen, Blitz, Donner, Stürme und Zyklone. Ebenso kennt man Hitzewellen, Überschwemmungen, Buschbrände, Erdrutsche und selbst Erdbeben. Will man die Natur von ihrer besten Seite kennen lernen, gilt es die richtigen Monate für die jeweilige Region zu wählen.

Aride und semi-aride Regionen

In den Wintermonaten von Juni bis September ist es in den Wüsten-, Savannen- und Steppenregionen in der Nordhälfte Western Australias sowie im Outback vom Northern Territory und Queensland angenehm warm; Regen ist dann eine absolute Seltenheit (Nordhälfte der gelb markierten Wüstenregion in der Klimaregionen-Karte). Es ist die **ideale Reisezeit für den Nordteil** des australischen Outback.

Auch in den **südlichen ariden und semi-ariden Regionen** von Western Australia, Queensland und Northern Territory sowie im Outback South Australias und von New South Wales sind die Wintermonate von Mai bis September eine gute Reisezeit.

Allerdings kann es hier von Juni bis August nachts sehr kalt werden mit Temperaturen von 3 °C bis unter 0 °C. Zum Campen sind die Nächte dann weniger angenehm, dafür lässt es sich bei Tage bei angenehmen Temperaturen von 18–24 °C auch auf langen Bushwalks, Radwanderungen und Wüstendurchquerungen mit dem Geländewagen sehr gut

Die besten Reisezeiten

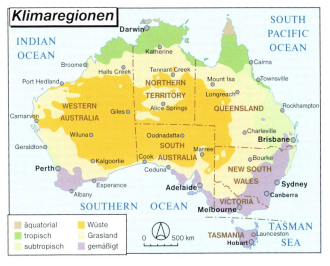

aushalten ohne Dehydrierung und einen Sonnenstich befürchten zu müssen. Wer ohnehin nur kurze Stippvisiten und keine anstrengenden langen Trips plant, wird den Frühling von September bis November bevorzugen. Die Nächte sind nicht mehr so kalt und bei Tage bewegt sich die Quecksilbersäule immer weiter nach oben um im November schon gegen die eher zu heiße 36-°C-Marke anzustoßen. In den kühleren Frühlingsmonaten September (24–30 °C) und Oktober (30–33 °C) erblühen nach einem Regenschauer die schönsten Wildblumen in der sonst so garstigen Umgebung. Es ist ein wahres Wunder in der erodierten Landschaft, in der der rötliche Staub und Sand nur noch von Salzbusch zusammengehalten wird – kleine, silbergraue, kniehohe Büsche, die den Salzgehalt in den verarmten Böden vertragen. Allein in Western Australia zeigen sich mehr als 8000 Wildblumenarten in allen Far-

Die besten Reisezeiten

ben des Regenbogens in ihrer ganzen Pracht. Im Frühling fallen dabei kaum mehr als 10–25 mm Regen und auch diese in nur sporadischen kurzen Schauern.

Die **Buschbrandzeit** ist in den ariden und semi-ariden Regionen südlich von Halls Creek, Tennant Creek und Mount Isa vor allem im Frühling zwischen September und November. Noch weiter südlich jedoch herrscht sie im Sommer von Dezember bis Februar und in der Region dazwischen sowohl im Frühling als auch im Sommer (gelb und violett markierte Regionen der Buschbrand-Saison-Karte, s. S. 79)

Im Vergleich zu den stark bewaldeten gemäßigten und tropischen Regionen Australiens sind Buschbrände im ariden und semi-ariden Zentrum Australiens jedoch seltener und eher harmlos, weil es schlicht kaum Baumwuchs gibt.

Die besten Reisezeiten

Egal ob im nördlicheren Teil oder südlicheren Teil der Wüstenregionen, in den wärmeren Monaten wird es bei Durchschnittstemperaturen zwischen 30–41 °C **schnell viel zu heiß** und besonders in der Zeit von November bis März sollte man sich vor Dehydrierung und einem Sonnenstich hüten. In Coober Pedy, der berüchtigten Opalbergwerksstadt mitten in der wüstenartigen Landschaft des australischen Outback, lebt eine Vielzahl der Bewohner daher unter Tage. Selbst die Kirche ist in den Berg eingegraben, denn unter Tage ist man geschützt vor den gleißenden Strahlen der Sonne und den Temperaturen bis zu 52 °C in den Sommermonaten. Die Bergmänner, die hier seit 1911 nach Opalen suchen, schätzen die stabile Temperatur, die selbst im Winter mit seiner enormen nächtlichen Kälte unter Tage herrscht.

Tropische und subtropische Regionen

Im tropischen Norden vom Top End bis zur Halbinsel Cape York gibt es keinen Monat im Jahr, in dem die Quecksilbersäule sich nicht meistens um 30 °C und aufwärts bewegt (siehe dunkelgrün markierte tropische Region in der Klimaregionen-Karte S. 73). Es gibt hier vereinfachend eingeteilt drei Jahreszeiten: *The Dry*, *The Build-up* und *The Wet* (die Aboriginals unterscheiden jedoch sechs Jahreszeiten).

In der so genannten **The Dry (Trockenzeit)** von April bis September ist es tagsüber warm und sonnig bei klarem Himmel sowie nachts angenehm warm. Das Wetter ist so zuverlässig trocken, dass man für Übernachtungen im Freien nicht einmal ein Zelt benötigt, sondern höchstens ein Moskitonetz zum Schutz gegen Ungeziefer. In dieser Jahreszeit führen die Flüsse nach und nach immer weniger Wasser, sodass die für ihre Wasserfälle und artenreichen Sümpfe bekannte Region gegen Ende der

Die besten Reisezeiten

▲ *Diese Furt an der Gibb River Road (Kimberley) ist nur in der Trockenzeit passierbar*

Trockenzeit an Charme verliert. Aufgrund der Trockenheit ist es allerdings auch die Zeit der Buschbrände, die jedoch weniger verheerend sind als im Süden des Kontinents, da es im Norden keine solch dichten oder hohen Wälder gibt.

Zwischen Oktober und Dezember herrscht der schwül-heiße **The Build-up –** die ungemütlichste Jahreszeit im Top End. Es ist die Übergangszeit zur Regensaison, d. h., es gibt kaum noch Wasser, die meisten Wasserfälle, Bäche und Wasserlöcher sind ausgetrocknet; es wird von Tag zu Tag heißer, die Luftfeuchtigkeit ist unangenehm hoch, aber es gibt noch keinen abkühlenden Regen. In dieser fast unerträglichen tropischen Hitze werden die Fliegen zur lästigen Plage. Bevor die Regensaison endlich beginnt, entlädt sich die Spannung in der Luft in nicht ungefährlichen Gewittern. 80 % aller australischen Gewitter toben sich im Northern Territory

Die besten Reisezeiten

aus – ein ungewöhnliches und faszinierendes Naturschauspiel.

Schließlich gibt es endlich wieder Regen in **The Wet (Regenzeit)** von Dezember bis April. Die tropischen Regengüsse dauern selten länger als einige Stunden und fühlen sich aufgrund der warmen Temperaturen eher wie eine warme Dusche als ein ungemütlicher Guss an. Alles grünt, blüht und die Wasserlöcher und Bäche füllen sich wieder. Es ist die schönste Jahreszeit, um die Wildblumen in voller Blüte zu erleben. Allerdings ist es auch die Zeit der tropischen Zyklone, von denen die meisten jedoch nicht über Land gehen und auch eher selten gefährliche Ausmaße annehmen. Für Geländewagen-Touren ist diese Jahreszeit kaum geeignet, da viele Sandpisten wegen der sintflutartigen *flash floods* geschlossen sind. So werden Überflutungen infolge von extrem hohen Niederschlagsmengen in kurzer Zeit genannt, die die vertrockneten Flussläufe im Outback in Windeseile in einen reißenden Fluss verwandeln. Sie machen dann das Passieren der den Fluss kreuzenden Straßen – sonst sogar ohne eine Brücke kein Problem – oft unmöglich.

In der **subtropischen Küstenregion** vermischt sich das tropische Klima mit Regen- und Trockenzeit mit den vier Jahreszeiten des gemäßigteren Südens. An der Ostküste Australiens zwischen Brisbane und Cairns ist es in den Monaten von Dezember bis April vor allem drückend schwül und sehr heiß. In den restlichen Monaten ist es angenehm temperiert und es gibt von Juni bis September nur sehr wenig Regen.

▼ *Nach einem heißen Tag gibt es in den Savannen von Western Australia besonders spektakuläre Sonnenuntergänge (Foto: Murchison Safari's)*

Die besten Reisezeiten

Die **Akklimatisierung in den Tropen** fällt uns Europäern aus den gemäßigten Breiten besonders im *Build-up* und im *Wet* schon mal schwerer, daher sollte man sich über die Konsequenzen für lange Bushwalks, aber auch für lange Autofahrten in diesem Klima im Klaren sein. Wegen der hohen Temperaturen gepaart mit hoher Luftfeuchtigkeit schwitzt man fast unbemerkt und muss sehr viel Wasser trinken, damit man nicht dehydriert. Dies belastet Herz und Kreislauf in einem ungewohnt hohen Maße, was man nicht unterschätzen sollte (siehe Kapitel „Sonnenstich und Dehydrierung", Seite 155).

Gemäßigte Regionen

Entlang der Südküste Australiens von Perth bis nach Brisbane und auf Tasmanien kennt man **vier Jahreszeiten** wie in Europa. Da Australien jedoch auf der südlichen Hälfte der Erdkugel liegt, sind die Jahreszeiten entgegengesetzt den unsrigen. Der australische Sommer währt von Dezember bis Februar, wobei der Januar mit Temperaturen bis über 40 °C der heißeste Monat des Jahres ist. Herbst ist von März bis Mai, Winter von Juni bis August und Frühling von September bis November.

Das **Klima ähnelt dem Südspaniens** mit heißen Sommermonaten und milden Wintern. Lediglich in der so genannten *High Country*, in der Gebirgskette der Great Dividing Range im Südosten des Kontinents, sowie in den tasmanischen Bergen fällt **in den Hochlagen Schnee.** Nachts kann es aber auch überall in der gemäßigten Region in den Wintermonaten Minustemperaturen geben, die nicht gerade zum Campen einladen.

Ansonsten wechseln sich hier im **australischen Winter** die sonnigeren Tage mit den bewölkten und regenreichen Tagen ab, wie wir es von einem war-

DIE BESTEN REISEZEITEN

men Frühling oder kalten Sommer in Deutschland kennen. Gewöhnungsbedürftig ist lediglich, dass es schon **früh dunkel** wird. Selbst im Hochsommer geht in Australien die Sonne schon gegen 20 Uhr unter und im Winter tappt man ab 16 Uhr schon im Dunkeln.

Mit einer kühlenden Meeresbrise ist es in den heißen Sommermonaten an der Küste am angenehmsten, während es bei Windstille im unmittelbaren Hinterland schon einmal zu trocken und heiß sein kann. Von November bis März drohen daher auch **Buschbrände,** die sich durch ausgedehnte, dichte Waldflächen fressen, die vom Wind ausgetrocknet wie Zunder brennen können. Wer dieser Gefahr aus dem Weg gehen und sich auch weniger schnell einen Sonnenstich zuziehen möchte, tut gut daran, seine Aktivitäten in den Frühling oder Herbst zu legen.

Buchung und Gepäck

Hat man sich einmal für eine bestimmte Reisezeit und Reiseart entschieden, sollte man bei individueller Organisation der Reise schnellstmöglich zur Buchung schreiten, damit man beim Hin- und Rückflug nach und von Australien einen möglichst günstigen Tarif bekommt.

Mit dem Hin- und Rückflug ist es natürlich nicht getan. Je nach gewählter Fortbewegungsart müssen auch innerhalb Australiens weitere Flüge, Zug- oder Busfahrten oder aber Fahrzeuge organisiert werden.

Zusätzlich gilt zu bedenken, dass man im Outback und Bush völlig auf seine Ausrüstung und Kenntnisse über den Bush angewiesen ist, denn das nächste Geschäft oder auch nur der nächste Mensch kann Hunderte von Kilometern entfernt sein. Je länger die geplanten Touren sind, desto wichtiger wird die **Qualität der Ausrüstung.** Aber auch das **Gewicht des Gepäcks** entscheidet bei Wanderungen über den Grad an Komfort. Von Schuhen, über Socken, Jacke bis hin zum Rucksack – und im Falle einer Radwanderung auch der technischen Ausstattung – sollte man seine Ausrüstung optimal auf die geplante Tour abstimmen. Am besten lässt man sich daher besonders beim Neukauf im Fachgeschäft beraten! Im Kapitel „Ausrüstung" (s. S. 100) gibt es eine Fülle von Tipps, die bei der Kaufentscheidung helfen können.

Hat man eine Tour bei einem Veranstalter gebucht, ist die **Ausrüstung oft anmietbar** bzw. man bekommt sie größtenteils kostenlos gestellt. Dies ist insbesondere dann von Vorteil, wenn man insgesamt noch länger in Australien verweilt und z. B. beabsichtigt, viele Souvenirs einzukaufen, aber nicht für Übergewicht zu zahlen. Auf internationalen Flügen hat man in der Regel nur 20 kg Freige-

Buchung und Gepäck

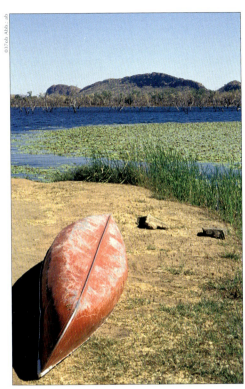

◀ *Wassersport-ausrüstung kann vor Ort gemietet werden*

päck, darüber hinaus muss man zahlen: entweder für teures Übergepäck oder für die Aufgabe als Fracht.

Man sollte auch wissen, dass bei den meisten Veranstaltern die Touren nur zustande kommen, wenn sich eine **Mindestzahl an Teilnehmern** angemeldet hat. Sonst behalten sich die Veranstalter vor, die Tour abzusagen und eventuell geleistete Zahlungen zurückzuerstatten.

Fahrzeug mieten

Fahrzeug mieten

Vermieter und Buchung

Auch wenn man sich einer organisierten Konvoi-Fahrt anschließt, so hat man in der Regel dennoch sein eigenes Fahrzeug zu buchen. Das ideale Internetportal dafür ist www.autorentals.com.au. Hier ist auch der **4WD Hire Service** (4WD steht für *four wheel drive* und damit Allradantrieb) vertreten, der einzige Geländewagen-Vermieter, der robuste, voll ausgestattete Fahrzeuge für richtige Offroad-Touren vermietet, die auch von den Konvoi-Fahrt-Veranstaltern akzeptiert werden.

Das Fahrzeug sollte man mindestens zeitgleich mit dem Flug buchen, denn das Angebot an Mietfahrzeugen in Australien ist relativ beschränkt. Wer mit der Mietung bis zur Ankunft wartet – und dann auch noch in der australischen Hochsaison von

Fahrzeug mieten

November bis Februar –, muss damit rechnen, dass **alles ausgebucht** ist.

Das **Mindestalter zur Fahrzeugmietung** in Australien ist in der Regel 21 Jahre bzw. 25 Jahre bei bestimmten Fahrzeugklassen. Man muss außerdem mindestens ein Jahr im Besitz seines **Führerscheins** sein. Je nach Bundesstaat ist auch ein internationaler Führerschein vorzulegen.

Eine Alternative zur Fahrzeugmietung kann auch ein **Fahrzeugkauf** sein. Allerdings lohnt sich dies nur, wenn man wirklich für eine lange Zeit, d. h. mehrere Monate, in Australien bleibt. Denn schließlich lässt sich ein Fahrzeugkauf nicht vorab über das Internet abwickeln und man muss hinterher auch noch etwas Zeit in den Weiterverkauf investieren.

Fahrzeugtyp und Versicherung

Wenn auch die bequemen Campervans, Wohnmobile oder auch Wohnwagen ideal erscheinen, um das Land auf preiswerte Weise zu durchqueren, so ist man damit fast ausschließlich auf asphaltierte Straßen beschränkt. Fahrzeuge mit **Zweiradantrieb** dürfen in der Regel nicht Offroad eingesetzt werden, denn sonst gilt der Versicherungsschutz nicht, was im Schadensfall extrem kostspielige Folgen haben kann.

Aber selbst die **Allradfahrzeuge** der großen Autovermietungen in Australien wie z. B. Ascot, Avis, Budget, Europcar, Hertz etc. sind mehrheitlich lediglich für Fahrten auf guten Schotterpisten (Bundesstraßen) zugelassen, nicht aber für richtige Offroad-Touren oder Sandpisten.

Bei der Fahrzeugmiete muss man in Australien konkrete Angaben über den geplanten Einsatzort machen und im Kleingedruckten des Mietvertrages sind Gebiete aufgeführt, die man mit dem Mietwagen nicht befahren darf. Insbesondere wenn man

Fahrzeug mieten

über das **mitteleuropäische Reisebüro** einen Geländewagen anmietet, sollte man diesen Punkt im Vorfeld genauestens klären, da dieser im Katalog in der Regel nicht deutlich aufgeführt wird.

Man sollte auch wissen, dass viele Widrigkeiten, die auf australischen Straßen zur Beschädigung des Fahrzeugs führen können, **sich nicht versichern lassen,** z.B. Zusammenstoß mit Tieren, Wasserschaden durch Flussdurchquerung, Dachschaden durch fallende Äste von Eukalyptusbäumen, platter Reifen auf Schotterpisten, Beschädigung der Windschutzscheibe durch Steinschlag etc. Man sollte daher im Schadensfall finanziell in der Lage sein, mehrere 1000 $ für einen solchen Schaden zu bezahlen.

Wichtige Tipps bei der Wahl des Geländewagens

- *Fahrzeugtyp:* Unter Experten wird der robuste Toyota Landcruiser Troop Carrier mit seinem 180-Liter-Tank und 4,2-Liter-Dieselmotor als ideal angesehen. Diesen Wagen gibt es auch mit praktischen Dachzelten für zwei Personen. Einfache Geländewagen-Campervans sind nicht für anspruchsvolle Offroad-Fahrten geeignet, sondern nur für Schotterpisten der Kategorie Bundesstraße.
- *Fernlicht:* Oft nicht serienmäßig, bei Nachtfahrten notwendig!
- *Geländeeignung:* Ist der Wagen auch für die notwendigen Zuladungslasten auf Dach oder Anhänger zugelassen und ist die Bodenhöhe ausreichend? Ist das Fahrzeug geländetauglich und die Federung nicht nur für Asphaltfahrten ausgelegt?
- *Klimaanlage:* Bei sommerlichen Temperaturen im Zentrum Australiens unverzichtbar.
- *Luftschnorchel:* In der Regenzeit im tropischen Norden bei Dieselfahrzeugen notwendig, damit Gewässer durchquert werden können.
- *Stoßstange:* Zusätzlicher roo bar kann bei Nachtfahrten im Outback den Schaden am Wagen beim Zusammenstoß mit einem Känguru klein halten. Solche Unfälle sind nicht durch Versicherungen abgedeckt!

Offroad-Training

▲ Auch das gehört zur Geländewagenfahrt dazu, eine Flussdurchquerung beim King Edward River, Kimberley (Foto: Tag-Along Tours Broome)

Offroad-Training

Wenn man nicht schon viel Erfahrung im Geländefahren hat und sich überdies nicht mit den australischen Gegebenheiten auskennt, sollte man vor Beginn eines solchen Abenteuers auf eigene Faust mindestens an einem Tageskurs Offroad-Training teilnehmen. Denn die Pannenhilfe der Automobilclubs hilft auch nicht viel weiter, wenn man mitten in der Wüste im Outback im Sand eingesunken ist. Ihr Service beschränkt sich grundsätzlich auf die Hilfe auf fest eingerichteten Straßen, seien sie asphaltiert oder als Schotterpiste präpariert, die für zweiradbetriebene Fahrzeuge zugänglich sind. Reine Outbackpiste oder gar Offtrackpisten gehören nicht dazu. Daher heißt es, sich selbst helfen mit dem richtigen Know-how über Rampen-, Böschungs- und Kippwinkel sowie Bergetechniken.

Idealerweise absolviert man den Kurs zum Auftakt des Urlaubes in Australien, denn so gewöhnt man sich vor Ort gleich an das Linksfahren und schärft seine Fähigkeiten unter authentischen Bedingungen auf typisch australischen Schotter-, Staub- und Schlammpisten mit dem Schaltknüppel in der linken Hand!

Solche Kurse werden in Australien von privaten Veranstaltern für Anfänger und Fortgeschrittene angeboten (siehe „Anhang", S. 196).

Die Buchung sollte lange vor Reisebeginn erfolgen, denn dies sind in der Regel keine täglich stattfindenden Veranstaltungen und man muss seine Reiseplanung an den Terminen des Wunschveranstalters ausrichten.

Bushwalk und Radwanderung

Hat man eine Tour bei einem Veranstalter gebucht, braucht man im Prinzip nur noch die An- und Rückreise nach und von Australien zu organisieren und schon kann es losgehen.

Will man auf eigene Faust eine längere Tour organisieren, muss man jedoch umfassende Vorbereitungen bezüglich des Transportes, der Verpflegung, der persönlichen Hygiene, der Genehmigungen und auch der Unterkunft treffen. Den **Transport zum Zielgebiet** kann man mit einem Mietfahrzeug, per Flugzeug, Bus oder in Einzelfällen auch per Bahn bestreiten.

Darüber hinaus gibt es jedoch in einigen Nationalparks und auf bekannten Langstrecken wie z. B. dem Bibbulmun Track oder dem Heysen Trail die Möglichkeit, sich entlang der Strecke durch örtliche Kleinbusunternehmen nach Vereinbarung **absetzen oder abholen zu lassen.** Über die Möglichkeiten kann man sich am besten beim Nationalpark auf dessen Internetseite und via E-Mail informieren bzw. bei den Vereinen, die die Wanderstrecken unterhalten (siehe „Anhang", S. 199).

BUSHWALK UND RADWANDERUNG

Diese Möglichkeit ist auch dann ganz hilfreich, wenn man die Strecke zwar von Anfang bis Ende zurücklegen möchte, aber lieber in einer nahe gelegenen Kleinstadt übernachtet als im Zelt oder im Freien ohne sanitäre Einrichtungen.

Wichtig ist diese Alternative aber auch für die **Versorgung mit Lebensmitteln,** denn auf diese Weise kann man Lebensmittellieferungen an Lagerstellen vereinbaren. Wenn man z. B. einen achtwöchige Bushwalk über den Bibbulmun Track plant, möchte man wohl kaum Verpflegung für die gesamte Zeit mitschleppen.

Diese so genannten *food drops* (Lebensmittel-Abwürfe) können auch per Flugzeug erfolgen. Organisieren lassen sie sich über die Nationalparkverwaltung. Nimmt man an einer mehrwöchigen organisierten Wanderung teil, werden diese einmal pro Woche vom Veranstalter veranlasst.

▲ *In der Hitze des Northern Territory muss man pro Stunde gut einen Liter Wasser trinken - wie gut, dass der Nachschub regelmäßig beim Begleitwagen abzuzapfen ist. (Foto: Remote Outback Cycle Tours)*

Für Radwanderungen auf eigene Faust ist auch noch zu berücksichtigen, dass man Fahrräder innerhalb der Nationalparks und Reservate **nur auf den öffentlichen Straßen** und in der Regel auch auf Feuer- und Wirtschaftswegen benutzen darf. Das Befahren von Wanderwegen ist strikt untersagt. Plant man eine Erkundung der Wildnis auf dem Mountainbike, sollte man sich vorab mit dem entsprechenden Nationalpark in Verbindung setzen, um mehr Informationen über die für Fahrräder freigegebenen Strecken zu erhalten.

Unterkunft und Verpflegung

Die Wahl der Reiseart ist nicht zuletzt davon abhängig, welcher Grad an Komfort bei der Unterkunft und Verpflegung gewünscht ist. Komfortable Hotels, Motels, Bungalows für Selbstversorger, feste Safarizeltlager und ausgestattete Campingplätze findet man nicht mitten in der Wildnis, sondern meist nur in der Nähe der Besucherzentren oder entlang der Verkehrsstraßen in touristisch beliebten Nationalparks und Reservaten.

Campingplätze

In der Trockenzeit braucht man im Litchfield National Park kein Zelt zum Schlafen. Es reichen diese rechteckigen Moskitozelte, um das Ungeziefer auf Abstand zu halten.

Für die Nutzung der Campingplätze muss man eine geringe **Nutzungsgebühr** zahlen. Diese ist je nach Bundesstaat schon im Büro des Nationalparks in einer der Metropolen zu entrichten oder kann an Ort und Stelle im Besucherzentrum gezahlt werden. Ist dieses schon geschlossen, gibt es oft einen **Selbstregistrierungsposten,** wo man das Geld

Unterkunft und Verpflegung

einfach in einen bereitliegenden Umschlag stecken und in einen Kasten einwerfen muss.

Oftmals gibt es auf diesen Campingplätzen auch eine **Beschränkung der Aufenthaltsdauer** auf meist nicht länger als 7 Tage. Besonders in den Sommermonaten wird in New South Wales, Victoria und Queensland die telefonische Reservierung von den Nationalparks verlangt.

Entlang der Strecken Overland Track auf Tasmanien, Bibbulmun Track in Western Australia, Heysen Trail in South Australia, im Kosciuszko National Park etc. gibt es auch **einfache Schutzhütten,** aber diese lassen sich nicht reservieren und die Belegung erfolgt nach dem Prinzip „Wer zuerst kommt, mahlt zuerst." Daher muss man für alle Fälle immer ein Zelt mitnehmen.

In den Nationalparks und Reservaten ist **wild campen** in der Regel untersagt. Stattdessen gibt es innerhalb der Parks entlang der Wanderpfade einige ausgewiesene **Zeltplätze,** wo man campen darf. Dies sind aber keine voll eingerichteten Campingplätze, wie man sie aus Europa kennt, sondern wirklich nur ausgewiesene Orte, an denen gecampt werden darf. Nur selten gibt es dort sanitäre Einrichtungen. Wenn man länger auf solchen einfachen Zeltplätzen zubringen will, sollte man seine Ausrüstung entsprechend darauf einstellen (siehe Kapitel „Ausrüstung", S. 111).

Nimmt man an einer organisierten Tour teil, wird dies in der Regel alles vom Veranstalter geregelt.

Wild campen

Außerhalb der Schutzgebiete ist wild campen in Australien nicht verboten. Man darf durchaus sein Fahrzeug irgendwo parken und sein Nachtlager einrichten, sofern es sich nicht deutlich um Privatbesitz handelt, wo man eine Genehmigung beim

Unterkunft und Verpflegung

▶ Im tropischen Norden wie hier im Daintree kann man auf den Campingplätzen entlang der Hauptstraßen feste Safarizelte mit einfachen Betten anmieten

Besitzer einholen sollte. Im Interesse des Naturschutzes sollte man aber nur wild campen, wenn man es nicht mehr zu einem der Campingareale schafft.

Farmen

Zwingend notwendig ist eine Reservierung der voll ausgestatteten Unterkünfte **in ehemaligen Farmhäusern** auf dem Gelände der Nationalparks. Gleiches gilt für **farm stays** entlang beliebter Geländewagenrouten im Outback. Das sind ehemalige Farmen, auf denen keine Land- oder Viehwirtschaft mehr betrieben wird, sondern touristische Besucher untergebracht werden. Als Unterkunft dienen oftmals umgebaute Schafschererquartiere, alte Wirtschaftsgebäude oder auch neu gebaute Bungalows und Zeltplätze.

GENEHMIGUNGEN UND PARKPÄSSE

Welche Unterkünfte wo zur Verfügung stehen, erfährt man über die Touristeninformationen, die Nationalparks und Automobilclubs der Bundesstaaten sowie in der empfohlenen Literatur (siehe „Anhang", S. 199).

Verpflegung

Bei der Verpflegung gibt es analog zu den Unterkunftsmöglichkeiten ebenso viele Varianten. Hier gilt jedoch auch **bei gebuchten Touren,** dass das Essen entweder in der Gruppe gemeinsam zubereitet wird und jeder seinen Teil zum Kochen, Abwaschen und Putzen beiträgt oder aber alles vom Veranstalter übernommen wird. Im Regelfall nehmen diese auf spezielle Ernährungsbedürfnisse (Vegetarier, Veganer, Allergiker etc.) Rücksicht, wenn diese vorab bekannt gegeben werden.

Bei **Touren auf eigene Faust** ist es ebenso vom Zielort und der Unterkunftsart abhängig, welchen Grad der Verpflegung man erhalten kann. Man sollte sich allerdings darüber im Klaren sein, dass man im Regelfall weder im Outback noch im Bush Lebensmittel kaufen oder gar zubereitet angeboten bekommt. Hier gilt es, sich vorab gründlich Gedanken zu machen und genügend Proviant einzupacken. Auch dies ist ein weiterer Grund, solche Abenteuer beim ersten Mal nicht ohne fachkundige Führung zu unternehmen.

Genehmigungen und Parkpässe

Seit der Verabschiedung des Gesetzes bezüglich der Landrechte von Aboriginals im Jahre 1976 sind ganze Landstriche nach und nach wieder in Besitz der Urbevölkerung übergegangen, die den Kontinent gut 40.000 Jahre allein bewohnte. Im

GENEHMIGUNGEN UND PARKPÄSSE

Northern Territory sind heute z. B. 42 % der Gesamtfläche wieder Aboriginal-Land und dieses darf man ohne **schriftliche Erlaubnis der Aboriginals** nicht betreten. Betritt man Aboriginal-Land ohne Genehmigung, kann ein Bußgeld von 1000 $ fällig werden.

Die einzige Ausnahme sind die Highways, die durch ihr Land zu einem Nationalpark führen, wie es z. B. beim Uluru – Kata Tjuta National Park der Fall ist. Will man jedoch auf eine Geländewagentour gehen, die durch Aboriginal-Land führt, muss man rechtzeitig bei dem entsprechenden Volk eine Genehmigung zur Durchreise beantragen. Eine **Transitgenehmigung** *(transit permit)*, mit der man verpflichtet ist, auf der Hauptdurchgangsstraße zu bleiben, bekommt man in der Regel ohne Probleme. Man bekommt diese auch recht schnell; online im Normalfall sogar binnen eines Tages.

Eine **Genehmigung zum Aufenthalt** auf Aboriginal-Land *(entry permit)* ist nicht leicht zu bekommen und sollte mindestens zwei Monate vorab beantragt werden. Es muss übrigens nur der Fahrer des Wagens eine Genehmigung beantragen. Die Adressen zum Beantragen der benötigten Genehmigung sind im Anhang aufgeführt.

In South Australia muss man darüber hinaus einen **Desert Parks Pass** für die Durchquerung und das Campen in der Simpson Desert, im Witjira National Park, Innamincka Regional Reserve und Lake Eyre National Park beantragen (siehe „Anhang", Seite 202).

Auch der **Einlass in die Nationalparks** ist für Fahrzeuge aller Art bei den beliebtesten Parks oft kostenpflichtig. Je nach Bundesstaat ist zusätzlich eine Gebühr pro Insasse fällig. Von dem Erlös werden die durch den Besucherandrang stark beanspruchten Wege instand gehalten. Am Parkeingang ist meistens ein Selbstregistrierungsposten vorhan-

Genehmigungen und Parkpässe

Jahres- und Tagespass für Nationalparks in Western Australia

den, wo man die Gebühr (selten mehr als 7–10 $ pro Tag und Fahrzeug, 3–4 $ pro Person) in einen Umschlag stecken und in einen Sammelkasten werfen muss. Die zweite Hälfte des Formulars trennt man zuvor ab und legt sie ins Auto, damit der kontrollierende Parkwächter sieht, dass man bezahlt hat. Bei besonders häufig frequentierten Nationalparks gibt es ein Besucherzentrum, in dem die Gebühr zu entrichten ist.

Für diejenigen, die länger in einem Park bleiben oder mehrere Parks in einem Bundesstaat besuchen, kann es sich je nach Bundesstaat schon lohnen, eine Jahreskarte für die Nationalparks dieses Bundesstaates zu besorgen. Der Preis variiert sehr stark je nach Bundesstaat von 21–187 $. In Queensland gibt es nur Tageskarten. Man kann die Jahrespässe auch per Fax oder E-Mail bestellen (siehe „Anhang", „Internetadressen der Nationalparks", Seite 199).

Erste Hilfe und Survival

Literaturtipp
"Selbstdiagnose und Behandlung unterwegs" von Dr. Dürfeld und Prof. Dr. Rickels, Reise Know-How Verlag, Bielefeld. Krankheiten und Verletzungen erkennen und behandeln, wann man unbedingt zum Arzt muss etc.

Bei einem Notfall sind die ersten Minuten häufig die wichtigsten. Wer einen **Erste-Hilfe-Kurs** absolviert, lernt nützliche Handgriffe, um einem Verletzten kompetent helfen zu können, was auch mehr Mut macht, wenn man sich tatsächlich in einer Notsituation im australischen Bush wiederfindet. Den Kurs in Australien in einer der größeren Städte beim Red Cross oder St. John zu absolvieren hat den Vorteil, dass man neben der allgemeinen Ersten Hilfe auch alles erlernt über die korrekten Handlungsweisen bei Bissen von giftigen Tieren, die in Europa nicht bekannt sind. Darüber hinaus umfasst das Training auch Erste Hilfe bei Überhitzung und Unterkühlung, wobei Ersteres die häufigste Unfallursache in Australien darstellt. Man kann in den Niederlassungen auch gleich die notwendigen Erste-Hilfe-Kästen kaufen, die je nach Bedarf auf eine Geländewagentour, Bushwalk oder Küstenwanderung abgestimmt angeboten werden (Niederlassungen findet man unter www.redcross.org.au/ourservices_acrossaustralia_firstaid_courses.htm oder www.stjohn.org.au unter „First Aid Training").

Wer eigenständig in die australische Wildnis reist und keine böse Überraschung erleben möchte, sollte sich noch eingehender auf dieses Abenteuer vorbereiten. Für Geländewagenfahrten sollte man – wie im Kapitel „Offroad-Training" (s. S. 85) beschrieben – vorab schon in einem **Offroad-Training** Erfahrungen im Umgang mit dem Fahrzeug unter Offroad-Bedingungen sammeln, aber auch wie man mit GPS und Kompass navigiert.

Auch für diejenigen, die zu Fuß unterwegs sind, ist ein Training zum Umgang mit den Orientierungshilfen und zu grundlegenden Survival-Techniken für den australischen Bush ratsam. Ein solcher **Bushcraft-Kurs** wird von CALM, dem Dachver-

Versicherungen

◀ Grundlegende Kenntnisse in der Navigation mit Kompass und GPS sind im Outback unabdingbar (Foto: Willis's Walkabouts)

band der Nationalparks in Western Australia, angeboten (www.calm.wa.gov.au/tourism/bushcraft_courses.html). Hier lernt man Karten lesen, navigieren mit Kompass und GPS, Sonne und Sternen (in der südlichen Hemisphäre ist das Sternbild ein anderes als im Norden), Feuer machen, Essbares in der Natur finden, Vergiftung durch Pflanzen oder Tieren vermeiden etc.

Versicherungen

Jeder Reiseführer empfiehlt zurecht eine **Auslandsreisekrankenversicherung.** Bei einer Tour in die Wildnis ist der Abschluss einer privaten Auslandskrankenversicherung gänzlich unverzichtbar, denn die Kosten bei einem Unfall im Bush, wo man mit einem Transport zum nächsten Krankenhaus durch die Flugambulanz des *Royal Flying Doctor Service* rechnen muss, erreichen schnell astronomische Höhen. Und die Kosten für eine Behandlung in Australien werden von den gesetzlichen Krankenversicherungen in den deutschsprachigen Ländern in der Regel nicht übernommen.

Literaturtipp
„*Orientierung mit Kompass und GPS*" *von Rainer Höh, Reise Know-How Verlag, Bielefeld. Grundlagen, Gerätekunde und praktische Anwendung im Outdooralltag.*

VERSICHERUNGEN

> **Die richtige Auslandsreisekrankenversicherung**
> *Bei der Wahl der Versicherung sollte man die unterschiedlichen Leistungen prüfen:*
> - ***Reisedauer:*** *Bei einigen Versicherern wird von einer maximalen Reisedauer von 30 oder auch 62 Tagen ausgegangen. Bei längerem Aufenthalt wird auch die Versicherung teurer.*
> - ***Rücktransport:*** *Wird in der Regel nur auf ärztliches Anraten übernommen. Im Todesfall werden unterschiedlich hohe Beträge für die Rücküberführung gezahlt.*
> - ***Selbstbeteiligung:*** *Einige Versicherer haben z. B. für Zahnbehandlungen eine Selbstbeteiligung, andere zahlen 100 %.*
> - ***Nachleistungsfrist:*** *Kann man nicht wie geplant nach Hause reisen, sollte die Versicherung die Rechnungen noch eine Zeit lang weiterzahlen.*
> - ***Altersgrenze:*** *Die Kosten sind nach Alter gestaffelt. Die Altersgrenzen sind je nach Versicherer unterschiedlich.*
> - ***Chronische Krankheiten:*** *Wird aufgrund einer Krankheit, die schon vor Urlaubsantritt bestand, eine Behandlung fällig, wird diese von wenigen Versicherungen gedeckt.*

Die **Behandlungskosten** beim Arzt sind normalerweise vorab bar zu zahlen. Ausführliche Quittungen (mit Datum, Namen, Bericht über Art und Umfang der Behandlung, Kosten der Behandlung und Medikamente) sind Voraussetzung, damit die Auslagen von der Versicherung erstattet werden.

Lohnenswert ist bei einem Urlaub in Australien auch der Abschluss einer **Reiserücktrittskostenversicherung.** Zwar kann man das Flugticket meist umbuchen, sofern man kein „preiswertes" Ticket

Versicherungen

> **Bei Reiserücktrittskostenversicherung beachten:**
> - *Gründe für Rücktritt:* Tod, schwerer Unfall oder Erkrankung, Impfunverträglichkeit, betriebsbedingte Kündigung, neuer Arbeitsplatz nach Arbeitslosigkeit, Schwangerschaft, Schaden an Eigentum durch Feuer u. Ä. Nicht gelten: Krieg, Unruhen, Streik, etc.
> - *Schadensgrenze:* Es sollten 100 % der Stornokosten, Reiseabbruchkosten sowie Umbuchungskosten übernommen werden.
> - *Selbstbeteiligung:* Bei Krankheit 20 % oder mindestens 25 Euro sind üblich.

mit einer geringen Gültigkeitsdauer oder mit festen Reiseterminen gebucht hat. Aber hat man bei einem Veranstalter eine Wandertour, Konvoi-Fahrt oder Ähnliches gebucht, von der man kurzfristig abspringen muss, wird eine **Stornogebühr** fällig. Diese kann z. B. 45 Tage vor Tourbeginn 65 $ betragen, aber 7 Tage vor Beginn schon 100 % des Tourpreises! In jedem Fall muss man eine solche Versicherung je nach Versicherer binnen 8–14 Tagen nach Reisebuchung abschließen. Bucht man weniger als 14 Tage vor Reiseantritt, kann man diese Reise nicht versichern.

Noch einmal prüfen sollte man seine **Unfallversicherung** (die man in der Regel schon hat). Denn nicht immer zahlt diese im Falle von Arbeitsunfähigkeit aufgrund eines Unfalls im Urlaub. In dem Fall müsste man zusätzlich eine Reiseunfallversicherung abschließen.

Eine **Reisegepäckversicherung** lohnt sich seltener, da die Policen zu viele Einschränkungen enthalten. Überdies sind Einbruch, Raub und Beschädigung von Eigentum in der Regel auch im Ausland durch die Hausratsversicherung gedeckt.

Ausrüstung

▶ Das Gepäck will gut ausgewählt sein, denn gerade bei einem mehrtägigen Bushwalk kommt es auf geringes Gewicht an (Foto: Willis's Walkabouts)

Ausrüstung

Ausrüstung

Notwendiges für jede Tour

Manche Dinge sind immer wichtig, egal ob man nur eine kurze Tour machen will oder eine lange Wanderung geplant hat, ob man campen geht oder mit dem Geländewagen weite, menschenleere Distanzen überwindet.

Sonnenschutz

Zu den drei wichtigsten Dingen im alltäglichen Leben der Aussies gehören **Sonnenbrille, Hut und Sonnenschutzmittel.** Denn je weiter im Süden des Kontinents man ist, desto mehr extrem schädliche UV-B-Strahlen sind im Sonnenlicht enthalten. Oberhalb der Antarktis lassen bis zu 27 Mio. km² große Löcher die Krebs erregenden Strahlen ungebremst durch. Die Folge: Australien hat die höchste Pro-Kopf-Rate an Hautkrebserkrankungen der Welt. Jährlich wird bei 8500 Australiern **Hautkrebs** (Me-

▼ *Slip, Slop, Slap: Sonnenschutz nicht vergessen!*

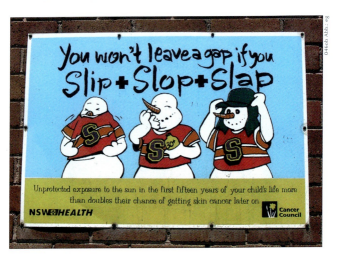

Notwendiges für jede Tour

lanom) diagnostiziert und 1000 von ihnen sterben daran.

Ein Sonnenbrand, und sei er noch so klein, ist immer der erste Schritt zum Krebs. Es gilt daher der Slogan „SLIP, SLOP, SLAP = slip on a shirt, slop on some sunscreen, slap on a hat". Mit anderen Worten: Man sollte ein Shirt anziehen, sich mit einer Sonnencreme einreiben und einen Hut aufsetzen! Schon vorgebräunte Aussies verwenden Sonnenschutzfaktor 15+ und die Hellhäutigen 30+! Auch für die Lippen sollte man einen entsprechenden Lippenpflegestift mit hohem Sonnenschutzfaktor verwenden.

Ebenso wichtig ist es, seine Augen mit einer guten Sonnenbrille vor einem **Katarakt** zu schützen. Man sollte darauf achten, dass die Sonnenbrille nicht lediglich ein modisches Accessoire ist, sondern die Augen vor möglichst viel Sonnenlicht abschirmt und nach Angaben des Herstellers 99–100 % der schädlichen UV-Strahlen abblockt!

Trinkwasser und Proviant

Der Schlüssel schlechthin für jede erfolgreiche Tour ist das **Trinkwasser.** Überhitzung, Sonnenstich und Dehydrierung gehören zu den häufigsten Unfallursachen bei Bushwalks. Auch bei einer ernsteren Autopanne oder einem Unfall auf einer Outback-Piste kann es viel länger als geplant bis zur nächsten Station dauern, sodass man für alle Fälle mehr Wasser und Proviant als eigentlich nötig mitnehmen sollte – am besten in einer Kühlbox. Die **Extraportion an Proviant** kann schnell zum Lebensretter werden, denn wenn man keine Energie mehr hat, lässt die Konzentration nach. Auf der Wanderung kann es dann leicht zu fatalen Fehltritten kommen oder der Fahrer des Geländewagens wird müde und nickt vielleicht sogar am Steuer ein.

Notwendiges für jede Tour

Schuhe und Bekleidung

Auch wenn für die Australier Flipflops, Shorts und T-Shirt die Freizeitkleidung schlechthin auszumachen scheinen, so trägt der verantwortungsbewusste Wanderer immer **lockere lange Beinbekleidung und geschlossene Schuhe.** Die Kleidung wirkt auch als UV-Filter für das Sonnenlicht, erst recht, wenn sie nach dem australisch-neuseeländischen Standard AS/NZ 4399 hergestellt wurden. (Ein UPF-Wert von 15–24 blockt 93,3–95,9 % der UV-Strahlen ab, ein Wert von 25–39 schon 96,0–97,4 % und ab 40 werden über 97,5 % abgehalten.)

Insbesondere bei Radwanderern ist statt des eng anliegenden Trikots, in dem man nur unnötig schwitzt, ein bequemes, locker sitzendes, **langärmliges Shirt** weitaus angenehmer und schützt die Arme zudem vor zu viel Sonnenschein. Lange Ärmel und lange Beinbekleidung schützen auch vor Verletzungen durch Bäume, Sträucher, Felsen etc.

Feste Schuhe, die gerade bei unerfahrenen Bush-Wanderern idealerweise etwas höher sein sollten, damit die Knöchel vor dem Umknicken auf unwegsamem Gelände geschützt werden, sind sehr wichtig. Das feste Schuhwerk zusammen mit den langen Hosen schützt auch, wenn man bedauerlicherweise mit einer der giftigen Schlangen, Spinnen oder auch nur mit unangenehmen Blutegeln Bekanntschaft macht.

Bei den Socken sollte man auch ein bisschen mehr Geld ausgeben und zwei Paar spezieller **Wandersocken** kaufen – die Füße danken! Bei Wanderungen offtrack braucht man vor allem im Zentrum Australiens auch **Gamaschen** zum Schutz gegen die äußerst spitzen und scharfkantigen Spinifexgräser. Sie schützen auch davor, dass unzählige Pflanzensamen ins Schuhwerk fallen und unangenehme Blasen und Druckstellen verursachen.

Schnürsenkel

Am besten ein neues, unstrapaziertes Paar Schnürsenkel vor der Tour in die Schuhe einfädeln oder aber ein Ersatzpaar mitnehmen!

NOTWENDIGES FÜR JEDE TOUR

▲ *Mit Willis's Walkabouts geht es wirklich durch die Wildnis: Ohne Gamaschen würden Gräser und Samen unangenehme Druckstellen in den Schuhen verursachen.*

Bei langen Touren sollte man ein zweites Paar Schuhe dabei haben, das man abends beim Campen trägt, damit sich die Füße etwas von den Wanderschuhen erholen können. Ideal sind **Trekkingsandalen** mit Klettverschluss. Diese sind auch praktisch, um einen Fluss zu durchqueren, was man sonst barfuß machen müsste. Wenn man hingegen in einer kälteren Jahreszeit bzw. auf der Südhälfte des Kontinents unterwegs ist, hat so manch ein australischer Führer so genannte *Ugg-boots* zum Campen dabei. Das sind typisch australische **Schaffellschuhe,** die fast nur im Süden des Kontinents in den kälteren Monaten verkauft werden (für den Rest des Jahres ist das Angebot begrenzt und teuer).

Zu den Schuhen ist auch zu sagen, dass diese **nicht zu alt, aber eingelaufen** sein sollten. Bei den harten Bedingungen in Australiens Outback und Bush hat sich schon so manch eine Sohle abgelöst,

Notwendiges für jede Tour

In den Regenwäldern der gemäßigten Zone ist es durch die Luftfeuchtigkeit immer etwas kühler als in den höheren Lagen.
Ein Pullover ist oft willkommen und lange Hosen werden gebraucht, damit sich keine Blutegel festsaugen können.

weil der Klebstoff der von den Felsen abstrahlenden Hitze nicht mehr standhielt. Bei anderen Schuhen gab die Naht ihren Geist auf. Also Vorsicht!

Nicht immer herrscht in Australien eitel Sonnenschein. In den Wintermonaten wird es in den Wüstengebieten nachts empfindlich kalt und es gibt auch **Minustemperaturen,** was man sich bei Tage im strahlenden Sonnenschein nicht hätte träumen lassen. In diesen Monaten und während der Regensaison braucht man allgemein im Süden des Kontinents sowohl warme Kleidung in Form von **Fleecepullover** und -hose als auch eine **Regenausrüstung** (Jacke, Hose und Gamaschen). Gerade in den Bergen der gemäßigten Regionen kann das Wetter jederzeit plötzlich umschlagen und obwohl man im

Notwendiges für jede Tour

März beim Aufstieg in z. B. die Stirling Range in Western Australia noch bei 30 °C im Schatten schwitzte, kann man in der gleichen Nacht von kaltem Wind und Schneefall überrascht werden. Nachts kann es frieren, tagsüber hageln und in den höheren Lagen schneit es. Dann wünscht man sich unter Umständen auch ein Paar **Handschuhe** und einen **Schal. Thermounterwäsche** und lange Unterhosen mit guten thermischen Eigenschaften sind unter diesen Bedingungen ideal, um sich wohlig warm zu fühlen. Dann reicht auch der Sonnenhut mit der breiten Krempe nicht mehr als Kopfbedeckung aus und man sollte darunter eine **Wollmütze** oder gar **Gesichtsmaske** tragen.

Niedrig hängende Wolken können wie eine dichte Nebelwand **die Sicht behindern.** Man kann dann manchmal die Wegmarkierungen kaum erkennen und ist unter Umständen gezwungen, mehrere Stunden oder eine Nacht auf dem Berg zu verbringen. Für diese Eventualität sollte man immer gewappnet sein, egal wie unwahrscheinlich es bei Tagesbeginn auch scheinen mag.

Wenn es in der Saison laut Wetterbericht wirklich überhaupt keine Chance auf Niederschlag gibt, kann man statt der Regenjacke auch einfach eine **Windstopperjacke** mitnehmen, die zumindest die Unterkühlung durch den Wind verhindert. Diese Gefahr wird insbesondere in Australiens Bergen der gemäßigten Zone unterschätzt, aber auch in einem Zyklon im tropischen Norden besteht die Gefahr der Unterkühlung.

Übrigens ist ein kleiner zusammenfaltbarer **Regenschirm** für Touren in der Regenzeit geeignet. Damit hält man einerseits auf angenehme Weise den Regen auf Abstand, wenn man bei der Wanderung eine Pause einlegt, und kann überdies besser im Regen fotografieren – ohne Wassertropfen auf der Linse. Herrscht am nächsten Tag gleißender

Notwendiges für jede Tour

Checkliste Ausrüstung

In Australien kaufen

- **Sonnenbrille:** *Preiswerter und mehr Auswahl. Brillen mit dem Label „AS 1067", „EPF 10" oder „absorbs 100% UVR" erfüllen die Standards für Sonnenbrillen, die die Augen wirklich gegen die gefährlichen UV-Strahlen abschirmen. Brillenträger sollten erwägen, sich in Australien eine Brille mit entsprechender Sehstärke und UV-Schutz oder gar Selbsttönung anfertigen zu lassen - ist dort allemal preiswerter als in Europa! Allerdings bekommt man Sehhilfen in Australien nur auf Rezept, d. h., man muss dort zum Augenarzt gehen.*

- **Sonnenhut:** *In Australien gibt es eine große Auswahl an breitkrempigen Hüten, unter denen man nicht schwitzt. Es ist außerdem ein gutes Andenken nach der Rückkehr. Je nach Wahl des Outback-Erlebnisses wählt man vielleicht einen Hut mit herabbaumelndem Korken. Er schafft mehr Ruhe vor den penetranten Fliegenschwärmen, die im tropischen Norden besonders zum Auftakt der Regensaison das Gesicht befallen. Auch für Fahrradhelme gibt es Aufsätze zu kaufen, die nicht nur dem Nacken Schatten spenden, sondern auch dem Gesicht.*

- **Sonnenschutz:** *Bedeutend preiswerter und breiteres Angebot an Sonnencremes und Lippenpflegestiften besonders mit hohen Sonnenschutzfaktoren. Es gibt auch viele anti-allergene, fettfreie Varianten sowie Sonnenschutzmittel in Sprayform, was besonders für den Schutz der empfindlichen Kopfhaut am Haarscheitel ideal ist.*

- **Moskitoschutz:** *Australische Moskitoschutzpräparate wie Aerogard und RID sind preiswerter als europäische Produkte und in jedem Supermarkt, jeder Drogerie oder Apotheke zu kaufen. Sie sind sowohl gegen Moskitos als*

Notwendiges für jede Tour

auch die lästigen australischen Fliegen extrem effektiv. RID lindert zudem die Reizung an den bereits erlittenen Stichen. Auch Moskitonetze kann man Down Under preiswerter erwerben.

- **Erste-Hilfe-Kasten:** Ein Erste-Hilfe-Kit vom australischen Red Cross oder St. John, zugeschnitten auf individuelle Bedürfnisse: Geländewagen-Outback-Touren, Bushwalk und Gegengift-Kit (Envenomation Pack). Für Adressen am Urlaubsort siehe www.redcross.org.au und www.stjohn.org.au oder im Telefonbuch vor Ort.
- **Outdoor-Ausrüstung:** Teilweise preiswerter in Australien, aber vor allem kennt man dort ganz genau die Anforderungen, welche die geplante Tour an die Ausrüstung stellt. Bekannte australische Marken sind Paddy Pallin (www.paddypallin.com.au) und Mountain Designs (www.mountaindesigns.com), die in allen großen australischen Städten (außer Darwin) vertreten sind.

Von Zuhause mitbringen

- **Medikamente,** die regelmäßig gebraucht werden. Eventuell ein Breitbandantibiotikum für den Fall, dass man auf einer langen Tour erkrankt. Was man braucht, sollte man mit dem Hausarzt besprechen.
- **Ersatzbrille und -kontaktlinsen:** Kontaktlinsen zu tragen ist bei der Hitze nicht immer empfehlenswert, da die Augen schneller austrocknen und bei langen Bushwalks die hygienischen Bedingungen nicht gegeben sind. Daher ist eine gute Brille/Sonnenbrille mit Sehstärke besser, siehe „In Australien kaufen".

NOTWENDIGES FÜR JEDE TOUR

Sonnenschein, hat man für die Pause auch gleich einen Schatten spendenden Schirm und kann wiederum den ungünstigen Lichteinfall beim Fotografieren abschirmen.

Abgesehen von einem breitrandigen Hut gegen die Sonne, sollte man auch ein **Kopfnetz** mitnehmen. Es wiegt kaum etwas, aber hält die äußerst penetranten kleinen Fliegen auf Abstand, wie es auch das beste Moskito- und Fliegenschutzmittel auf Dauer nicht vermag. Wenn man ständig entnervt um sich schlägt, verliert man auch leicht die Balance oder begeht einen Fehltritt.

Badehose oder -anzug nicht vergessen – ganz besonders wenn man im tropischen Norden oder entlang der Küste unterwegs ist–, denn ein Abkühlen in den Wasserlöchern oder Bächen gehört zu den Highlights auf Bush-Touren.

Rucksack & Co.

Ganz gleich, ob man sich mit dem Fahrzeug, per Fahrrad oder mit öffentlichen Verkehrsmitteln zwischen den Etappenzielen fortbewegt, irgendwann steigt man aus oder ab und macht eine Wanderung. Dazu benötigt man immer mindestens einen **Daypack** (Tagesrucksack) von 20–30 Liter. Dieser ist auch ideal als Handgepäck mit den wichtigsten Unterlagen, Kamera etc. auf dem Flug nach Australien und reicht für kleine Halbtages- oder Tagesausflüge in Outback und Bush. Damit das Gewicht der Wasserflaschen, des Erste-Hilfe-Sets, der Wegzehrung, etc. auch bequem auf dem Rücken sitzt, sollte man einen guten und bequemen Rucksack benutzen.

Ist man allerdings über Nacht unterwegs, braucht man eher einen **Touren-Rucksack** von 30–50 Liter und bei ein- oder mehrwöchigen Touren einen **Trekking-Rucksack** von 65–70 Liter. Diese Rucksäcke mit großem Volumen benötigt man vor allem

Notwendiges für jede Tour

bei extrem langen Touren ohne Möglichkeit, unterwegs Proviant und Trinkwasser zu besorgen, was insbesondere in den australischen Berggebieten der Fall ist. Grundsätzlich sollte der Rucksack keinen starren Metallrahmen haben, sondern lediglich schaumstoffgeformt sein.

Ist man unsicher, **welche Größe** man benötigt, sollte man alle notwendigen Utensilien für die geplante Tour Zuhause mal aufhäufen. Auch wenn man noch nicht alle notwendigen Dinge besitzt, legt man als Ersatz einen in Gewicht und Volumen vergleichbaren „Dummy" auf den Haufen. Also auch mit Wasser gefüllte Flaschen, die Wegzehrung etc. So bekommt man eine Vorstellung davon, ob der Rucksack, den man eventuell schon besitzt, die richtige Größe hat und sich mit diesem Gewicht auf dem Rücken noch gut anfühlt (man sollte ein Gesamtgewicht von 15 kg nicht überschreiten). Wenn man noch keinen passenden Rucksack hat, kann man jetzt besser beurteilen, wie groß dieser sein muss, was den Gang zum **Outdoor-Geschäft** einfacher macht. Bei einem guten Geschäft darf man den in Frage kommenden Rucksack auch für einen Tag mit nach Hause nehmen, um ihn dort einmal probeweise bepacken zu können.

Mit diesem Test kann man dann auch besser darüber entscheiden, ob z. B. die alte Regenjacke vielleicht zu schwer ist und besser durch eine moderne, leichte Jacke ersetzt werden kann etc.

Rucksäcke sind in der Regel nicht wasserdicht und so braucht man in den regnerischen Jahreszeiten einen **Regenüberzug.** Wenn der Regen nicht so stark und häufig ist, kommt man auch mit wasserdichten Beuteln aus, in die man seine Kleidung etc. ordentlich verstaut. Das können auch feste Plastiktaschen sein, die man mit Küchenclips verschließt. Mindestens einen absolut **wasserdichten Packsack** braucht man für die Kameraausrüstung.

NOTWENDIGES FÜR JEDE TOUR

Checkliste Sonstiges

- ***50-Cent-Stücke*** *für öffentliche Toiletten, Duschen etc. auf manchen Campinganlagen wie z. B. auf Fraser Island. Immer einen kleinen Vorrat bei sich tragen.*
- ***Bestimmungsbücher*** *für Flora und Fauna*
- ***Blasenpflaster,*** *denn diese sind selten schon im Erste-Hilfe-Set, noch besser ist Duoderm, welches bei Befeuchtung noch klebt*
- ***Ersatzbatterien*** *für Taschenlampe, Kamera, etc. und eventuell sogar ein tragbares Solarpanel mit aufladbaren Batterien*
- ***GPS-Gerät*** *für Wildnisabenteurer und für den Notfall einen für Australien geeigneten* ***Kompass***
- ***Fernglas*** *für Tierbeobachtungsenthusiasten*
- ***Flickzeug:*** *Gewebeband, Klebstoff, Nadel, Faden und Sicherheitsnadeln*
- ***Handtuch,*** *am besten aus schnell trocknender Microfaser*
- ***Kameraausrüstung*** *(siehe Kapitel „Tierfotografie")*
- ***Kartenmaterial*** *(siehe „Anhang")*
- ***Kleine Axt,*** *wenn man keinen Gaskocher hat und Feuerstellen mit abgestorbenem Holz erlaubt sind.*
- ***Kleine Schaufel*** *für „Toilettenbau" und für Holzfeuerstellen (siehe Kapitel „Wildnis-Etikette")*
- ***Multifunktions-Taschenmesser*** *mit Schere, Messer, Säge, Dosenöffner*
- ***Plastiktüten*** *(z. B. Gefrierbeutel) sowie Küchenclips für Abfall*
- ***Spiegel*** *zum Signalisieren im Notfall*
- ***Streichhölzer*** *und* ***Kerze***
- ***Taschenlampe,*** *evtl. Kopflampe, am besten mit LED*
- ***Taschentücher/WC-Papier*** *in ausreichenden Mengen*
- ***Trillerpfeife,*** *für ein Signal im Notfall*
- ***Wecker*** *oder Armbanduhr mit Weckfunktion o. Ä.*

Touren über Nacht

Touren über Nacht

Sobald man eine Übernachtung einplant, wächst die Liste der notwendigen Ausrüstungsgegenstände – zumindest wenn man nicht einen Bungalow, Hotel oder andere Unterkunft aufsucht bzw. mit einem Campervan oder Geländewagen mit Zeltdach unterwegs ist. In allen anderen Fällen muss man seine „Unterkunft für die Nacht" selbst dabei haben. Hierbei gilt „Wie man sich bettet, so schläft man" und daher sollte man sich bei langen Touren in der Wildnis das Bestmögliche gönnen, damit man jeden Tag ausgeruht zur nächsten Bush-Etappe ansetzen kann.

Verbringt man nur 1–3 Nächte im Bush, wird man vermutlich auf den Kaffee, Tee und warm zubereitete Mahlzeiten verzichten und sich mit lauwarmen Getränken und Lebensmitteln begnügen. Auf diese Weise spart man einiges an Ausrüstung zum Kochen.

▲ *Romantik pur: in freier Natur unter freiem Himmel (Foto: Willis's Walkabouts)*

TOUREN ÜBER NACHT

Zelt, Schlafsack & Co.

Je nach Jahreszeit und Zielort bräuchte man in Australien vom Wetter her nicht einmal ein Zelt gegen Niederschlag, z. B. in der Trockenzeit im Norden des Northern Territory oder in den Kimberleys.

Dennoch ist zumindest ein Schutz gegen lästige Krabbeltiere und Moskitos notwendig, um etwas Nachtruhe garantieren zu können. Ein reines **Moskitonetz** ist allerdings nicht immer gut zu befestigen – man denke da nur an den Mangel an Bäumen in der Savanne, Steppe, Wüste oder am Strand. Daher sollte man ein Zelt wählen, in dem es nicht schnell heiß wird und das sich gut belüften lässt, ohne die Krabbeltiere hineinzulassen.

Wenn man nicht mit dem Fahrzeug am Ort der Nachtruhe eintrifft, sondern zu Fuß, sind außerdem das Gewicht und Packmaß des Zeltes entscheidend. Schließlich muss man es einen Tag, mehrere Tage, eine Woche oder noch länger auf dem Rü-

▼ *Auf den Felsen lassen sich kaum Heringe einschlagen und schon gar nicht, ohne Spuren zu hinterlassen. Daher benutzen Veranstalter wie Willis's Walkabouts Biwack- oder Igluzelte, die man frei aufstellen kann.*

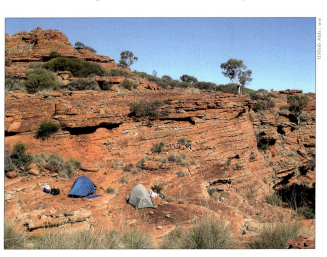

TOUREN ÜBER NACHT

cken tragen. Ideal ist daher ein kleines und leichtes **Igluzelt,** das nicht mehr als 1 kg wiegt. Diese ohne Heringe aufzubauenden Zelte sind solchen mit Heringen vorzuziehen, da sie sich auch auf felsigem Untergrund und Sand aufbauen lassen, was schließlich der vorherrschende Untergrund in Australiens Outback ist.

Teilt man sich das Zelt nicht mit einer zweiten Person, kann man auch einfach einen **Biwaksack** verwenden. Eine typisch australische Form des Biwacksacks inklusive Schlafsack ist der swag, der jedoch wegen seines hohen Gewichtes von 5–9 kg und seines klobigen Packmaßes nicht für Bushwalk- oder Radwandertouren geeignet ist.

Damit das Zelt vor spitzen und rauen Teilen auf dem Untergrund geschützt bleibt, sollte man grundsätzlich eine **Zeltunterlage** mitführen.

Beim **Schlafsack** kann man ebenfalls an Gewicht sparen, denn allzu wärmend muss dieser bei den bevorzugten Reisezeiten in Australien nicht sein. Mehr als 1–1,2 kg sollte er nicht wiegen und wer etwas mehr Geld für hochwertige Materialien übrig hat, kann einen High-Tech-Schlafsack mit kleinstem Packmaß von 11 x 25 cm und nur 500 g Gewicht erstehen, dessen unterster Komfortbereich bis an den Gefrierpunkt reicht. Eine Kombination mit Daunen ist leichter und wärmer als Synthetikmaterialien. Braucht man es 4 °C wärmer, packt man noch ein **Seideninlet** von 125 g dazu. Gleichzeitig eine hygienische Lösung, denn dieses kann man zwischendurch auch mal waschen. Baumwollinlets bringen gleich 210 g auf die Waage.

Denkt man an den felsigen Untergrund oder nicht gerade weichen Sand, sollte auch Platz für eine **Schlafmatte** sein. Aufgrund des guten Komforts, des geringen Gewichtes von ca. 570 g und der geringen Maße im aufgerollten Zustand gehören selbstaufblasende Matten mittlerweile zu den Favo-

Touren über Nacht

riten. Man kann auch noch etwas Gewicht sparen, indem man nur eine 3/4-Matte verwendet, denn ab den Knien benötigt man selten eine weiche Unterlage. Man sollte bei der Nutzung nur sicherstellen, dass auf dem Untergrund keine stacheligen Gegenstände liegen, die ein Loch in die Matte bohren.

Essen und Trinken

Am wichtigsten ist es, ausreichend Trinkwasser mit sich zu führen. Es gibt Metalltrinkflaschen, Wassersäcke und vieles mehr. Die Bushwalkprofis in Australien sind sich jedoch einig: 2–3 große **PET-Wasserflaschen** wiegen am wenigsten und halten auch problemlos eine Tour durch.

Bei langen Wanderungen oder Geländewagenfahrten, wo man unmöglich die benötigte Wassermenge mitführen und auch nicht Abkochen kann, sollte man ein **Filtersystem zur Wasserentkeimung** mitnehmen. Aber Achtung: In den semi-ariden und ariden Gebieten, aber auch im tropischen Regenwald sind Wasserquellen nicht immer einfach zu finden. An den Langstrecken-Tracks wie z.B. dem Bibbulmun Track in Western Australia befinden sich zwar Regenwassertanks, aber wenn es lange nicht geregnet hat, können diese schnell leer sein. Wer sich derart in die Wildnis vorwagt, sollte in jedem Fall einen Survival-Kurs absolviert oder aber schon viel Wildniserfahrung haben. Die Stirling Range in Western Australia ist z. B. bekannt dafür, dass man dort kaum Wasser findet und das gesamte Wasser für die Tour mit sich führen muss. Vor jeder Tour sollte man sich als Wanderer bei den Parkaufsehern der Nationalparks oder den Wanderclubs eingehend über die Details für die Langstrecken erkundigen. Die Geländewagenfans erhalten nähere Infos über die beliebten Outbackpisten am besten über die Internetseite des Automobilclubs

TOUREN ÜBER NACHT

von New South Wales: www.mynrma.com.au/travel unter „Outback tracks". Ein weiteres Problem im australischen Outback ist der hohe Salzgehalt des Wassers. Man braucht daher je nach Region auch eine **Entsalzungshandpumpe.**

Will man heiße Getränke und warmes Essen inmitten der Wildnis zubereiten, muss man sich zunächst darüber im Klaren sein, dass bei einem **totalen Feuerverbot** (Total Fire Ban) jegliches Feuer untersagt ist, auch das auf einem Gaskocher! Das gilt im Übrigen auch für die Benutzung von Barbecueeinrichtungen in Nationalparks. Allerdings ist es ohnehin leichtsinnig, einen Bushwalk in der akuten Buschbrandzeit zu planen.

In Nationalparks ist die Nutzung des herumliegenden, abgestorbenen Holzes verboten, denn dies steht als Habitat der Flora und Fauna unter Schutz. Daher ist die Mitnahme eines **Gaskochers** zu empfehlen. **Benzinkocher** sind in den heißen Tempera-

▼ Auch auf einem einfachen Gaskocher lassen sich leckere Pfannkuchen zaubern

Touren über Nacht

Buchtipps

Im Reise Know-How Verlag sind einige interessante Praxisführer aus der Feder von Rainer Höh erschienen, die je nach Wahl Ihrer Reiseart ergänzend für die Planung Ihres Wildnis-Erlebnisses in Australien von Nutzen sein können:

- ***GPS-Navigation für Auto, Motorrad, Wohnmobil***
- ***GPS Outdoor-Navigation***
- ***Orientierung mit Kompass und GPS***
- ***Wildnis-Backpacking***
- ***Wildnis-Ausrüstung***
- ***Wildnis-Küche***
- *Der Praxis-Band **„Richtig Karten lesen"** von Wolfram Schwieder erläutert, welche Landkarten man für welchen Zweck am besten benutzt und wie man sie richtig interpretiert.*

turen Australiens aus Sicherheitsgründen nicht zu empfehlen, da schon Kleinstmengen verschütteten Benzins große Probleme hervorrufen können und die Beförderung der Kocher in Flugzeugen ohnehin untersagt ist. Für den Gaskocher muss man vor Ort eine oder mehrere Kartuschen kaufen. Achtung: Nicht für alle in Europa gängigen Fabrikate gibt es in Australien die passenden Kartuschen!

Aber egal ob Lagerfeuer (siehe Kapitel „Wildnis-Etikette", S. 186) oder Gaskocher, in jedem Fall sollte man folgendes **Koch- und Essgeschirr** mitnehmen: Kochtopf mit Deckel, abnehmbarer Topfgriff (denn sonst kann man den heißen Topf auf dem Feuer kaum anfassen), fester Kunststoffteller, große, emaillierte Metalltasse (auch für Suppe), Löffel und feststellbares Taschenmesser (Gabel ist meist überflüssig). Weiterhin braucht man einen **Schrubbschwamm** zum Spülen und, nicht zu vergessen, **Zündhölzer!**

Offroad-Geländewagentouren

Längere Touren mit dem Auto, aber vor allem Offroad-Touren, erfordern eine etwas größere Vorbereitung. Hat man sich für eine **Konvoi-Fahrt** entschieden, sorgt der Veranstalter für einen wichtigen Teil der Logistik (z. B. das Organisieren der Genehmigungen, notwendige Navigations- und Survivalausstattung, Fahrzeugersatzteile, Werkzeuge, Ersatzflüssigkeiten, Notfallkommunikation mit dem *Royal Flying Doctor Service,* Satellitentelefon, UHF-Funk etc.). Bei der Anmietung eines geeigneten Fahrzeuges, dessen Ausstattung und der Organisation der Verpflegung stehen die Veranstalter außerdem mit fachkundiger Beratung zur Seite.

◀ *Zurück von der Fahrt auf Albanys Stränden muss wieder mehr Luft in die Reifen. Hat man keinen Kompressor dabei, hilft eine Handpumpe.*

Offroad-Geländewagentouren

Checkliste Offroad-Ausrüstung

- ❏ *Abdeckplane:* Zusammen mit Seil und Heringen als Sonnensegel bei Reparaturarbeiten einsetzbar oder als Unterlage, wenn man sich auf den heißen Sand legen muss.
- ❏ *Autokühlschrank:* Damit der Proviant nicht nur aus Tütennahrung und Konserven bestehen muss.
- ❏ *Bergungswerkzeug:* Ein Satz an Hilfsmitteln, um ein im Sand, Wasser oder sonstwie festgefahrenes Auto aus dem Schlamassel zu hieven. Dazu gehören auch Axt und Schaufel sowie eine Kettensäge für waldige Gebiete.
- ❏ *Ersatzschlüssel* für das Fahrzeug
- ❏ *Feuerlöscher:* Verhindert verheerende Unfälle bei Überhitzung des Fahrzeugs oder einem Problem mit dem Campingkocher.
- ❏ *HF-Radio oder Satellitentelefon:* Das Mobilfunknetz deckt nur Stadtgebiete ab! HF-Frequenzen z. B. des Australian HF Radio Network (www.vks737.on.net) vorab notieren: mindestens vom Royal Flying Doctor Service und den nächstgelegenen Polizeistationen. Telefonieren kann man über HF z. B. mittels Radtel (www.radtelnetwork.com.au). Das teurere Satellitentelefon nützt auch nur etwas, wenn man eine Liste an Rufnummern notiert hat.
- ❏ *UHF- oder CB-Radio:* Falls man mit mehreren Fahrzeugen unterwegs ist und sich ohne anzuhalten verständigen möchte. Nur für kurze Distanzen geeignet. Die Qualität der UHF-Radios ist wesentlich besser als die der CB-Radios.
- ❏ *Kompressor:* Bei sandigem Untergrund muss man den Reifendruck auf 15 psi bzw. 1,035 bar senken und für die Schotterpiste sofort wieder erhöhen. Das Aufpumpen mit 12-V-Kompressor sollte man beherrschen.

Offroad-Geländewagentouren

- **Mitgliedschaft beim Automobilclub:** Prüfen ob im Mietpreis inbegriffen und Kontaktmöglichkeiten notieren. Achtung: Sie helfen nur auf mit Zweiradantrieb befahrbaren Straßen.
- **Orientierungssysteme:** Sehr gutes Kartenmaterial, Kompass und Global Positioning System (GPS) bewahren vor dem Verirren!
- **Reifen:** Bereifung, die für Sand geeignet ist, mindestens zwei Ersatzreifen und das Reparieren mit dem Reparatursatz beherrschen.
- **Reserveteile:** Zündkerze, Keilriemen, weitere Riemen, Sicherungen, Lampen, Stromkabel, Ersatzflüssigkeiten wie Öl, Bremsflüssigkeit, destilliertes Wasser etc. Man sollte auch wissen, wie man damit umgeht.
- **Trinkwasser:** Für den Fall einer Panne oder Ähnlichem sollte immer mehr Wasser als eigentlich nötig vorhanden sein.
- **Solardusche:** Damit trotz wild campen warm geduscht werden kann, sonst heißt es: Katzenwäsche.
- **Stromquelle:** Geräte wie Kühlschrank, Funkgerät etc. müssen von der Autobatterie betrieben werden, die sich so zu schnell entlädt. Eine starke Zusatzbatterie oder ein Generator stellt die notwendigen Strommengen auch bei Stillstand bereit.
- **Wagenheber:** Eignung für extrem sandigen Untergrund?

Ausführliche Empfehlungen bezüglich der Reserveteile, Bergungswerkzeug und Werkzeuge allgemein findet man in Geländewagenführern und auf den Internetseiten der australischen Automobilclubs (siehe Literaturempfehlungen und Adressen im Anhang).

Naturgenuss: Flora und Fauna

▶ Kanutour auf dem Lawn Hill Creek: So stößt man auf sanfte Weise in die Tier- und Pflanzenwelt vor (Foto: Wilderness Challenge)

Naturgenuss: Flora und Fauna

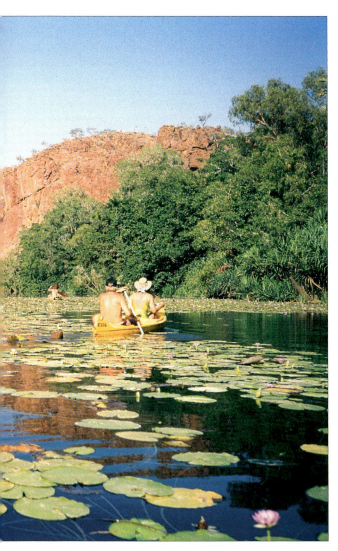

Grundkenntnisse

Die australischen Landschaften bestechen durch ihre Andersartigkeit, die ihnen durch die geologischen Formen und Farben verliehen wird, gehüllt in einen Mantel aus Pflanzen- und Tierarten, die größtenteils auf keinem anderen Kontinent der Erde anzutreffen sind. Die ersten beiden **Naturforscher,** die einen Teil der Vielfalt für die wissensdurstigen Europäer dokumentierten, waren *Joseph Banks* und *Daniel Solander* zusammen mit dem Illustrator *Sydney Parkinson,* die Kapitän *James Cook* bei seiner Erstentdeckung der Ostküste des australischen Kontinents 1770 begleiteten. Sie legten die erste Sammlung von gepressten und getrockneten australischen Pflanzen und Pflanzenteilen an, die heute im Australian National Herbarium in Canberra konserviert werden.

Der nächste Pionier in der Erforschung der australischen Flora und Fauna war *Matthew Flinders* bei seiner ersten Umsegelung des gesamten Kontinents 1801–1805. An Bord seines Schiffes weilten der Botaniker *Robert Brown* und der österreichische **Maler** *Ferdinand Bauer,* dessen Illustrationen die Neugier und Fantasie der Europäer über den Kontinent Down Under anregten. Niemand hatte bislang solche merkwürdigen Kreaturen wie Kängurus, Koalas und viele andere Beuteltiere gesehen.

Viele Maler machten sich in Folge um die Darstellung der australischen Landschaft verdient wie auch der Deutsche *Hans Heysen,* auf dessen Spuren man 1144 km durch den australischen Outback in Richtung Zentrum wandern kann.

Heute bekommt man einen Vorgeschmack auf Australiens Natur in den **Tier- und Naturdokumentationen** von BBC, Discovery Channel, Animal Planet, aber auch im deutschsprachigen Fernsehen, die die unbekannte Welt aus nächster Nähe zeigen.

GRUNDKENNTNISSE

▲ *Ein Kurznagelkänguru (Bridled Nailtail Wallaby, Onychogalea fraenata) mit Jungem - solche Bilder prägen unsere Vorstellung von Australiens Tierwelt (Foto: Australian Wildlife Conservancy)*

Schillernde Figuren wie der Crocodile Hunter *Steve Irwin* und *Rex Hunt* mit seinen Fishing Adventures, aber auch *Paul Hogan* in den Spielfilmen „Crocodile Dundee" bringen selbst die tödlichsten, süßesten und fremdesten Tiere Australiens in unsere Wohnzimmer.

Dennoch: Während jedes Schulkind eine ganze Reihe afrikanischer Tiere aufzählen kann, ist das allgemeine Wissen um die australische Tierwelt noch sehr begrenzt – von der australischen Pflanzenwelt ganz zu schweigen. In diesem Kapitel sollen daher einige Grundkenntnisse über die australische Flora und Fauna vermittelt werden, damit man bei der Auswahl und Vorbereitung seiner Wildnistour mehr Informationen über die regionale Verteilung der Spezies hat.

Wenn es um die Erhaltung der australischen Natur in ihrer ganzen Vielfalt geht, muss man sich

GRUNDKENNTNISSE

vielleicht noch einmal bewusst machen, welchen Schaden die Kolonisten angerichtet haben, als sie vor mehr als 200 Jahren nicht nur sich selbst, sondern auch eine Armada an nicht-einheimischen Pflanzen und Tieren auf den bis dahin weitgehend isolierten australischen Kontinent brachten.

Der Mensch zerstört den Lebensraum durch Abholzung, Landwirtschaft und Urbanisierung. Die nicht-einheimischen **Huftiere zerstören die Grasnarbe** und beschleunigen somit die Erosion auf einem Kontinent, auf dem bislang nur die sanft-weichen Pfoten der einheimischen Säugetiere auftraten.

Importierte Raubtiere wie der Fuchs, aber auch Katze und Hund machen dem Dingo Konkurrenz bei der Jagd auf die einheimischen Beuteltierarten

▼ *Sie sind possierlich anzuschauen, doch treten manche Känguru-Arten mittlerweile als Landplage auf*

GRUNDKENNTNISSE

und werden vorrangig für das **Aussterben von bislang 19 Säugetieren** seit 1788 verantwortlich gemacht. 10 weitere australische Säugetiere sind auf dem Festland ausgestorben und nur noch auf australischen Inseln zu finden. Denn seit Einrichtung des *Dog Fence* (Dingozaun) in den 1880er Jahren, der die Schafe und Rinder auf den australischen Farmen vor dem räuberischen Dingo schützen sollte, konnten sich die nicht-einheimischen Raubtiere mangels natürlicher Feinde plagenartig vermehren. Auch die nicht-einheimischen Kaninchen, aber auch die durch den Zaun vor dem Dingo geschützten Kängurus konnten sich unter diesen Bedingungen massiv vermehren und verursachen einen erhöhten Kahlfraß der ohnehin kargen Vegetation im Outback.

Dies sind ebenso tiefe Eingriffe in das **ökologische Gleichgewicht** wie es der australische Kontinent zuletzt aufgrund der Ankunft des ursprünglich ebenfalls nicht einheimischen **Dingos** vor etwa 5000 Jahren erlebte. Der Dingo wird nicht zuletzt für das Aussterben des Beutelwolfes *(Thylacine)*, des einst größten einheimischen Raubtiers verantwortlich gemacht.

Jede Aktion bewirkt eine Reaktion und über diese Verkettung wurde und wird oftmals nicht genügend nachgedacht. Die letzte **katastrophale Einführung einer neuen Tierart** in Australien fand 1935 statt, als die südamerikanische **Agakröte** auf den australischen Zuckerrohrfeldern in Queensland ausgesetzt wurde. Man hegte die Hoffnung, dass die Agakröte, in Australien *Cane Toad* genannt, die zwei Skarabäuskäfer-Arten ausmerzen würde, deren Larven die Wurzeln des Zuckerrohrs auffressen, was die Pflanze absterben lässt. Doch das Ganze ging nach hinten los. Nicht nur blieb der gewünschte Effekt aus, sondern die Agakröte entwickelte sich selbst zur Plage, da sie einen toxischen

GRUNDKENNTNISSE

Schleim produziert, der ihren Angreifern fatal wird. Seither breiten sich die Kröten massenhaft über den Norden Australiens aus und überschritten im Dezember 2003 auch den Arnhem Highway in Richtung Westen. Damit bedroht die Kröte nun auch die wundervolle Tiervielfalt im Kakadu National Park.

Seit dieser Geschichte ist man in Australien vorsichtiger geworden und investiert viel Zeit und Geld in die **Forschung,** um Plagen einzudämmen. Seit den 1990er Jahren setzt man z. B. den Calici-Virus gezielt gegen Kaninchen ein. 2003 konnten so 80 % der Kaninchenpopulation getötet werden.

Tief greifende Auswirkungen zieht im Übrigen nicht nur die Einführung von nicht-einheimischen Tieren nach sich. Auch neue Pflanzenarten stören das herrschende Gleichgewicht. Mit ihnen kommen **neue Krankheiten** und **neues Unkraut,** welches einheimische Arten verdrängt. In den australischen Nationalparks und anderen Schutzgebieten wird daher in regelmäßigen Abständen durch Park Ranger und Freiwillige das nicht-einheimische Unkraut (auch ganze nicht einheimische Bäume) entfernt. Nur so kann die Schönheit der australischen Natur für kommende Generationen erhalten werden.

Bei der *Commonwealth Scientific and Industrial Research Organisation (CSIRO),* dem Hauptforschungsorgan Australiens, ist man sich aber genauso der **Problematik** bewusst, dass auch der Versuch der Erhaltung des Ist-Zustandes oder gar die Umkehrung zum Ausgangszustand einen Eingriff darstellt, der wiederum unerwünschte Folgen nach sich ziehen wird. Spätestens seit Ende des 20. Jh. steht jedoch die Erhaltung der australischen Artenvielfalt auf der Agenda, denn die möglichst unberührte Natur begreift man als wichtige Ressource, die den Tourismus und somit die Wirtschaft „auf sanfte Art" fördert.

Wissenswertes über Australiens Fauna

In Australien gibt es eine faszinierende Bandbreite an äußerst exotischen Tieren, denen man in der Wildnis begegnen kann. Dazu gehören das typische große Rote Riesenkänguru und der flugunfähige Emu, die auf dem **Staatswappen Australiens** abgebildet sind, ebenso wie viele andere Känguru- und kleinere Beuteltierarten, eine reiche und farbenfrohe Vogelwelt sowie unzählige faszinierende Reptilien, Insekten etc.

Säugetiere

Nur wenige einheimische Tierarten sind auf dem ganzen Kontinent anzutreffen. Dazu gehört z. B. der Kurzschnabel-Ameisenigel, welcher zu den weltweit zwei Familien in der Ordnung der **Kloakentiere** bzw. Monotremata gehört, die beide in

▼ *Kurzschnabel-Ameisenigel im Wildlife Park, Tasmania.*

AUSTRALIENS FAUNA

Australien zu finden sind (zu der Familie dieser Ameisen- oder Schnabeligel gehören auch die Langschnabel-Ameisenigel Neuguineas). Es handelt sich bei den Kloakentieren um eierlegende Säugetiere, bei denen Harnleiter, Geschlechtsdrüsen und Enddarm in einer Höhle, der Kloake, als Ausfuhrgang münden – genau wie bei den Vögeln.

Die andere Familie der Kloakentiere sind die australischen **Schnabeltiere,** von denen es nur eine einzige Art gibt. Man kann sie insbesondere in der Dämmerung in Flüssen und Wasserlöchern entlang der eher gemäßigten Ostküste Australiens und auf Tasmanien antreffen. Das Schnabeltier ist berühmt dafür, das **giftigste australische Säugetier** zu sein, denn die Männchen haben Stacheln an ihren Hinterbeinen, durch die sie ein Gift abgeben können. Man sollte aus diesem Grund nicht versuchen, das kleine, biberartig aussehende Wesen mit dem Entenschnabel zu fangen.

▼ *Auch diese kleinen Bilbies sind Beuteltiere (Foto: Australian Wildlife Conservancy)*

Australiens Fauna

Die Mehrheit der 268 einheimischen Säugetiere Australiens sind jedoch **Beuteltiere** bzw. Marsupialia, d.h. Tiere, die ihre Jungen in einem Brutbeutel heranziehen. Das besondere daran ist, dass die Jungen bei „Geburt" kaum wurmgroß, noch nackt und blind sind. Diese unterentwickelten Kleinen müssen sich dann durch das Fell der Mutter einen Weg zu den Zitzen in den Brutbeutel bahnen. Nur die stärksten schaffen es überhaupt, um dann geschützt vor der Außenwelt im Brutbeutel des Muttertieres heranzuwachsen. Das größte Beuteltier ist das bis zu 2,4 m große männliche Rote Riesenkänguru *(Red Kangaroo, Macropus Rufus)*. Das kleinste ist die Nördliche Flachkopfbeutelmaus *(Long-tailed Planigale, Planigale ingrami)* mit einem 55–65 mm großen Körper und einem 44–60 mm langen Schwanz, die nur 4–4,5 g auf die Waage bringt.

Man unterscheidet in Australien fünf Familien in der Ordnung der Beuteltiere: karnivore Raubbeut-

▼ *Ohne die Arbeit der Australian Wildlife Conservancy wären die Numbats noch immer vom Aussterben bedroht. Diese Tiere kann man heute jedoch in Schutzgebieten wieder antreffen.*

Australiens Fauna

▲ Der Nacktnasenwombat ist in freier Natur selten anzutreffen. Hier im Bonorong Wildlife Park, Tasmania.

ler (Dasyuridae), vorwiegend herbivore Springbeutler (Macropodidae), vorwiegend herbivore Kletterbeutler (Phalangeridae), Nasenbeutler (Peramelidae) sowie Beutelmulle (Notoryctidae). Bei den Fleisch fressenden und Pflanzen fressenden Beuteltieren gibt es verschiedene Gattungen und Arten. Zu den Fleischfressern gehören z. B. der Beutelteufel, der wahrscheinlich 1936 ausgestorbene Beutelwolf *(Tasmanian Tiger/Thylacine, Thylacinus cynocephalus)* und der selten gewordene Numbat bzw. Ameisenbeutler in Western Australia. Zu den Pflanzenfressern hingegen der berühmte Koala, der sich bekanntermaßen ausschließlich von Eukalyptusblättern ernährt, die Wombats bzw. Plumpbeutler, die zahlreichen Possums, Kusus, Kuskuse und Gleitbeutler sowie diverse Kängurus und die kleineren Wallabies.

Neben Kloakentieren und Beuteltieren sind auch die **Placentatiere** bzw. Placentalia eine Unterklasse der Säugetiere. Letztere sind auf allen anderen Kontinenten der Erde die vorherrschende Art der Säugetiere, haben eine Plazenta und gebären ihre Jungen erst, wenn diese schon sehr weit entwickelt sind. In Australien sind die Mehrheit dieser so genannten höheren Säugetiere nicht einheimisch, sondern wurden erst vor knapp über 200 Jahren von den Briten auf dem australischen Kontinent eingeführt. Dazu gehören Kaninchen, Hasen, Hunde, Katzen, die meisten Nagetiere, Pferde, Esel, Rinder, Ziegen, Kamele, Rehe, Schweine und der im Norden Australiens lebende asiatische Wasserbüffel.

Zu den einheimischen **australischen höheren Säugetieren** gehört vor allem der Dingo, der australische Wildhund, der vor 5000 bis 8000 Jahren von Asien nach Australien gekommen ist. Ansonsten gibt es in Australien nur eine ganze Reihe an einheimischen Flatter- und Fledertieren, die zu den höheren Säugetieren zählen. Darunter sind z. B. Fledermäuse und Flughunde. Darüber hinaus gibt es natürlich noch marine Säugetiere in australischen Gewässern, wie Wale, Delphine, Tümmler und Seekühe, auf die hier nicht weiter eingegangen wird.

Vögel

Auch in der australischen Vogelwelt gibt es einige herausragende Besonderheiten. Hier findet man zwei der weltweit fünf Familien an **flugunfähigen Laufvögeln:** die Emus (deren Schwanzgefieder im Gegensatz zu den Straußenvögeln Afrikas nach unten hängt) und die Kasuare mit ihrem leuchtend blauen Hals und dem prägnanten Horn auf dem Kopf. Ebenfalls flugunfähig sind die **kleinsten Pinguine der Welt,** die entgegen der landläufigen Auffassung, dass Pinguine sich nur auf Eisschollen wohl fühlen, an den Südostküsten Australiens leben. Diese Zwergpinguine sind gerade mal 40–45 cm groß und knapp ein Kilo schwer.

AUSTRALIENS FAUNA

▲ *Emu mit Jungen beim Mount Remarkable in South Australia*

▼ *Lachender Hans*

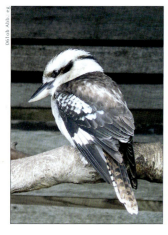

Die Farbenpracht der australischen Vogelarten ist ebenfalls auffällig. Wie in Asien gibt es eine große Bandbreite an exotisch bunt gefiederten Vögeln vor allem aus der Papageienfamilie. Dazu gehören auch die **Kakadus,** von denen im Besonderen die schwarzen mit gelber Federhaube oder mit rotem Schwanzgefieder gefährdet sind und unter Artenschutz stehen.

In Australien gibt es weitaus **weniger Singvögel** als wir z. B. in Europa gewohnt sind. Obwohl die Ordnung der Singvögel nur eine von weltweit 29 klassifizierten Vogelordnungen ist, gibt es von ihnen weltweit mehr als alle Vögel der 28 restlichen Ordnungen zusammengenommen. Von den 740 in Australien einheimischen Vogelarten sind jedoch nur die Hälfte Singvögel. Oft wird man früh am Morgen wegen der ungewohnt schreiartigen Geräusche wach, die aus den Kehlen

Australiens Fauna

der australischen Vögel ertönen. Wie ein Lachen klingt der Gesang des so genannten **Lachender Hans** aus der Familie der Eisvögel, den man in Australien *Kookaburra* nennt. Die ersten Europäer, die vor etwas mehr als 200 Jahren die Laute dieser Vögel vernahmen, dachten, sie würden von einem Menschen ausgelacht.

Reptilien

In der Welt der Reptilien bringt Australien es auf 795 einheimische Arten und hat damit die größte Artenvielfalt in der Reptilienwelt von allen Ländern der Welt. Allen voran ist eines der gefährlichsten Reptilien der Welt in den nördlichen Flussläufen Australiens ansässig. Das **Leistenkrokodil**, im australischen Englisch verniedlichend *saltie* genannt (von *saltwater crocodile*), wird durchschnittlich sechs Meter lang und hält sich in den estuarinen Gewässern auf, d. h. in dem Bereich der Flüsse, wo sich das salzige Meerwasser und das Süßwasser der Flüsse vermischen. In der Regenzeit schwimmt das Leistenkrokodil durchaus bis zu 200 km landeinwärts und ist auch im Mündungsbereich der Flüsse im Meer anzutreffen.

Vergleichsweise ungefährlich sind hingegen die nur 3,5–4 m langen **Australienkrokodile**, die *freshies* (von *freshwater crocodile*), die im Landesinneren im weniger salzhaltigen Wasser leben.

Australien hat jedoch noch mehr aufregende Reptilien zu bieten. Darunter sind nicht nur zahlreiche Würgeschlangen, tödliche Giftschlangen und Schildkröten in allen Größen, sondern auch eine große Zahl an Echsen, Skinks, nachtaktiven Geckos und Schleichen sowie großen Waranen. Die größte Echse Australiens ist der urzeitlich anmutende, bis zu 2,5 m lange **Riesenwaran,** der in den Wüstengebieten in der nördlichen Hälfte des Kontinents an-

AUSTRALIENS FAUNA

zutreffen ist. Die **Kragenechse** ist hingegen für ihren „Kragen" berühmt, den sie bei drohender Gefahr zur Abschreckung aufstellt.

Amphibien

In der Welt der Amphibien leuchtet das Grün der **Korallenfinger** *(Green Tree Frogs, Litoria caerulea)* ebenso brillant wie frisches junges Gras.

Die einzige nicht-einheimische Froschart, die einst aus Südamerika eingeführte **Agakröte** *(cane toad, Bufo marinus)*, hat traurige Berühmtheit. Diese hässliche Kröte sondert einen giftigen Schleim auf ihrem Rücken ab, dem die einheimischen Fleischfresser bislang nicht gewachsen sind und so breitet sich diese Plage immer weiter in millionenfacher Anzahl über das Land aus und hat im Frühling erstmals auch den Kakadu National Park erreicht, der für seine außerordentliche Artenvielfalt von der UNESCO 1982 als Naturwelterbe ausgerufen wurde.

Insekten und Spinnentiere

In der Sparte *creepy crawlies,* wie man in Australien die „gruseligen Kriechtiere" bezeichnet, gibt es eine Vielzahl an faszinierenden Exemplaren, die ein näheres Hinschauen lohnen. Obwohl auch unter den bislang vorgestellten

TIERBEOBACHTUNG

Tierarten einige Camouflage-Künstler zu finden sind, gibt es gerade in der Insekten- und Spinnenwelt wahre Meister in dieser Disziplin. Dazu gehören auch **Blatt- und Stabinsekten,** die man kaum von dem Blatt oder Zweig des Baumes unterscheiden kann, bis sie sich bewegen. Manch eine Spinne, die geduldig auf einem Baumstamm auf Nahrung wartet, versteht es, sich farblich perfekt an die Baumrinde anzupassen.

Boyd's Winkelkopfagame – diese hübschen Echsen findet man bei den Bushwalks mit Cooper Creek Wilderness im Regenwald des Daintree-Welterbegebietes

Apropos **Spinnen:** Unter den australischen gibt es besonders viele auch für Menschen tödliche Arten, aber noch mehr vollkommen harmlose Geschöpfe, die vor allem in kunstvoll gewebten Spinnennetzen ihren Opfern aufwarten.

Ameisen und Termiten sind in Australien ebenfalls ein wenig Aufmerksamkeit wert. Das Hinterteil der **Grünen Ameise** wurde von jeher von den Aboriginals im Norden als zitronige Erfrischung abgeleckt und das süß gefüllte Hinterteil der **Honigameise** ausgelutscht.

Die durchschnittlich 2 m hohen **Termitenhügel** in der Region des Litchfield National Parks sind alle an der Nord-Süd-Achse ausgerichtet. So ist garantiert, dass eine Seite des Baus immer kühl bleibt und die Gesamttemperatur reguliert wird (siehe Kapitel „Sicherheit in Australien", S. 154).

Tierbeobachtung

Wer davon träumt, an einer Tiersafari im afrikanischen Stil teilzunehmen, den muss ich enttäuschen. Weil es in Australien kaum „Großwild" gibt, die meisten Tiere überdies eher Einzelgänger als Herdentiere sind und besonders die Säugetiere mehrheitlich nachtaktiv, gibt es kaum einen Veranstalter, der sich auf reines **„Wildlife Watching"** spezialisiert hat.

Der Neuguinea Riesenlaubfrosch (White-lipped Tree Frog, Litoria Infrafrenata) ist mit seiner grünen Farbe im tropischen Regenwald kaum zu erkennen (Foto: Cooper Creek Wilderness)

TIERBEOBACHTUNG

Welche Tiere wo beobachten?

Passend zu den Kapiteln über die australischen Nationalparks als Highlights der verschiedenen klimatischen Regionen wird in der nachfolgenden Auswahl der einheimischen australischen Tierarten zunächst der Lebensraum mittels einer Kennziffer genannt:
1. in Steppen, Savannen und Wüsten,
2. in tropischen Regenwäldern und Flusssystemen,
3. in gemäßigten Eukalyptuswäldern und Bergregionen,
4. in ganz Australien.

Säugetiere

Kloakentiere

4 **Echidna** (Kurzschnabel-Ameisenigel, TACHYGLOSSUS ACULEATUS)
3 **Platypus** (Schnabeltier, ORNITHORHYNCHUS ANATINUS)

Beuteltiere

3 **Antechinus** (Beutelspringmaus, ANTECHINUS SSP.)
3 **Bandicoot** (Beuteldachs/Bandikut, PERAMELES GUNNI oder ISOODON OBESULUS)
3 **Bettong/Woylie** (Rattenkänguru, BETTONGIA SPP.)
1 **Bilby/Dalgyte** (Kaninchennasenbeutler, MACROTIS SPP.)
2/3 **Brush-tailed Phascogale** (Großer Pinselschwanzbeutler bzw. Tafa, PHASCOGALE TAPOATAFA)
2/3 **Brushtail Possum** (Fuchskusu, TRICHOSURUS VULPECULA)
3 **Common Wombat** (Nacktnasenwombat, VOMBATUS URSINUS)
2 **Spotted Cuscus** (Tüpfel-Kuskus, PHALANGER MACULATUS)
1/3 **Dunnart** (Schmalfußbeutelmaus, SMINTHOPSIS SPP.)
2/3 **Glider** (Gleithörnchenbeutler, z. B. PETAURUS BREVICEPS)
1/3 **Eastern Grey Kangaroo** (Östliches Graues Riesenkänguru, MACROPUS GIGANTEUS)
3 **Koala** (Beutelbär, PHASCOLARCTOS CINEREUS)
1 **Kultarr** (Östliche Beutelspringmaus, ANTECHINOMYS LANIGER)
2 **Lumholtz's Tree-kangaroo** (Lumholtz's Baumkänguru, DENDROLAGUS LUMHOLTZI)
1 **Marsupial Mole** (Beutelmull, NOTORYCTES TYPHLOPS)

TIERBEOBACHTUNG

1/3	**Northern hairy-nosed Wombat** (Nördliches Haarnasenwombat, LASIORHINUS KREFFTII)
3	**Numbat** (Ameisenbeutler, MYRMECOBIUS FASCIATUS)
3	**Quokka** (Kurzschwanzkänguru, SETONIX BRACHYURUS)
2	**Pademelon** (Rotbauchfilander, THYLOGALE BILLARDIERII)
3	**Potoroo** (Kaninchenkänguru, POTOROUS SPP.)
1	**Red Kangaroo** (Rotes Riesenkänguru, MACROPUS RUFUS)
2/3	**Ringtail Possum** (Ringelschwanz-Kletterbeutler, PSEUDOCHEIRUS PEREGRINUS)
4	**Rock-wallaby** (Felskänguru, z. B. PETROGALE SPP.)
1/3	**Southern hairy-nosed Wombat** (Südliche Haarnasenwombat, LASIORHINUS LATIFRONS)
3	**Spotted Quoll** (Tüpfelbeutelmarder, DASYURUS SPP.)
4	**Swamp-wallaby** (Sumpfwallaby, WALLABIA BICOLOR)
3	**Tasmanian Devil** (Beutelteufel, SARCOPHILUS HARRISII)
2/3	**Tiger Quoll** (Riesenbeutelmarder, DASYURUS MACULATUS)
4	**Wallaby** (Wallaby, MACROPUS SPP.)
4	**Wallaroo/Euro** (Bergkänguru, MACROPUS ROBUSTUS)
1/3	**Western Grey Kangaroo** (Westliches Graues Riesenkänguru, MACROPUS FULIGINOSUS)

Placentatiere

4	**Bat** (Falsche Vampirfledermaus, MACRODERMA SPP.)
3	**Bush Rat** (Buschratte, RATTUS FUSCIPES)
1/2	**Dingo** (wilder Hund, CANIS LUPUS FAMILIARIS DINGO)
2/3	**Flying-fox** (Flughund bzw. Flugfuchs, PTEROPUS SPP.)
1	**Spinifex hopping-mouse** (Spinifex-Springmaus, NOTOMYS ALEXIS)

Vögel

Flugunfähig/am Boden lebend

2	**Brush-turkey** (Großfußhuhn, ALECTURA LATHAMI)
4	**Bustard** (Wammentrappe, ARDEOTIS AUSTRALIS)
3	**Cape Barren Goose** (Hühnergans, CEREOPSIS NOVAEHOLLANDIAE)
2	**Cassowary** (Kasuar, CASUARIUS CASUARIUS)
1/3	**Emu** (Emu, DROMAIUS NOVAEHOLLANDIAE)
3	**Lyrebird** (Leierschwanz, MENURA NOVAEHOLLANDIAE)
3	**Malleefowl** (Thermometerhuhn, LEIPOA OCELLATA)

Tierbeobachtung

Fliegend/in Bäumen lebend

- 4 **Boobook** (Südliche Eule, Ninox novaeseelandiae)
- 2/3 **Cockatoo/Corella/Cockateel** (Kakadu, u. a. Cacatua spp.)
- 4 **Crested Pigeon** (Schopftaube, Ocyphaps lophotes)
- 3 **Honeyeater** (Honigfresser, Lichenostomus spp.)
- 4 **Kestrel** (Falke, Falco spp.)
- 3 **Kookaburra** (Lachender Hans, Dacelo novaeguineae)
- 4 **Magpie** (Australische Elster, Gymnorhina tibicen)
- 4 **Parrot/Lorikeet/Rosella/Budgerigar** (Papagei/Lori/Sittich/Wellensittich, u. a. Neophema spp., Platycercus spp., Pezoporus spp.)
- 4 **Rainbow Bee-eater** (Schmucksprint, Merops ornatus)
- 3 **Raven/Crow** (Australischer Rabe, Corvidae)
- 3 **Satin Bowerbird** (Seidenlaubenvogel, Ptilonorhynchus violaceus)
- 4 **Tawny Frogmouth** (Eulenschwalm, Podargus strigoides)
- 4 **Wedge-tailed Eagle** (Keilschwanzadler, Aquila audax)
- 4 **Willy Wagtail** (Gartenfächerschwanz, Rhipidura leucophrys)
- 4 **Zebra Finch** (Zebrafink, Taeniopygia guttata)

Wasservögel/am Wasser lebend

- 2/3 **Azure Kingfisher** (Blauer Eisvogel, Ceyx azure)
- 2/3 **Black Swan** (Trauerschwan, Cygnus atratus)
- 1/2 **Brolga** (Brolga-Kranich, Grus rubicunda)
- 2/3 **Comb-crested Jacana** (Kammblatthühnchen, Iredipara gallinacea)
- 4 **Cormorant** (Kormoran, Phalacrocorax spp.)
- 4 **Crested Tern** (Eilseeschwalbe, Sterna bergii)
- 2/3 **Darter** (Schlangenhalsvogel, Anhinga melanogaster)
- 4 **Egret/Heron** (Reiher, Egretta spp./Ardea spp. etc.)
- 3 **Fairy Penguin** (Zwergpinguin, Eudyptula minor)
- 2/3 **Ibis** (Australischer Ibis, Threskiornis molucca)
- 1 **Jabiru** (Riesenstorch, Ephippiorhynchus asiaticus)
- 4 **Masked Lapwing** (Maskenkiebitz, Vanellus miles)
- 4 **Pelican** (Brillenpelikan, Pelecanus conspicillatus)
- 4 **Oystercatcher** (Austernfischer, Haematopus longirostris)
- 2/3 **Purple Swamphen** (Purpurhuhn, Porphyrio porphyrio)

Tierbeobachtung

Reptilien

Krokodile, Schildkröten

- 2 **Freshwater Crocodile/Freshie** *(Australienkrokodil, CROCODYLUS JOHNSTONI)*
- 2 **Saltwater Crocodile/Saltie** *(Leistenkrokodil, CROCODYLUS POROSUS)*
- 4 **Freshwater Turtle** *(Süßwasserschildkröte)*
- 4 **Sea Turtle** *(Meeresschildkröte)*

Echsen

- 1/3 **Bearded Dragon** *(Bartagame, AMPHIBOLURUS BARBATUS)*
- 2/3 **Bluetongue Lizard** *(Australischer Blauzungenskink, TILIQUA SCINCOIDES)*
- 2 **Boyd's Forest Dragon** *(Boyd's Winkelkopfagame, HYSILURUS BOYDII)*
- 3 **Eastern Water Dragon** *(Australische Wasseragame, PHYSIGNATHUS LESUEURII)*
- 2 **Frilled Lizard** *(Kragenechse, CHLAMYDOSAURUS KINGII)*
- 4 **Gould's Monitor** *(Goulds Waran, VARANUS GOULDII)*
- 3 **Lace Monitor** *(Buntwaran, VARANUS VARIUS)*
- 1 **Perentie** *(Riesenwaran, VARANUS GIGANTEUS)*
- 1/3 **Shingleback/Stumpy** *(Tannenzapfenechse, TILIQUA RUGOSA)*
- 1 **Three-lined Knob-tail Gecko** *(Kopfschwanzgecko, NEPHRURUS LEVIS LEVIS)*
- 1 **Thorny Devil** *(Dornteufel, MOLOCH HORRIDUS)*

Schlangen

- 2 **Arafura File Snake** *(Arafura-Warzenschlange, ACROCHORDUS ARAFURAE)*
- 4 **Brown Snake** *(Braunschlange, PSEUDONAJA TEXTILIS/NUCHALIS)*
- 2/3 **Carpet Python** *(Teppichpython, MORELIA SPILOTA)*
- 3 **Copperhead** *(Australischer Kupferkopf, AUSTRELAPS SUPERBUS)*
- 2 **Death Adder** *(Todesotter, ACANTHOPIS ANTARCTICUS)*
- 1/3 **Dugite** *(Australische Scheinkobra, PSEUDONAJA AFFINIS)*
- 2 **Green Tree Snake** *(Gemeine Bronzenatter, DENDRELAPHIS PUNCTULATUS)*
- 4 **King Brown/Mulga Snake** *(Mulgaschlange, PSEUDECHIS AUSTRALIS)*
- 2/3 **Red-bellied Black Snake** *(Rotbauchige Schwarzotter, PSEUDECHIS PORPHYRIACUS)*
- 3 **Tiger Snake** *(Tigerotter, NOTECHIS SCUTATUS)*
- 2 **Taipan** *(Taipan, OXYURANUS SCUTTELATUS)*
- 1/3 **Yellow-faced Whipsnake** *(Gelbkopf-Peitschenschlange, DEMANSIA PSAMMOPHIS)*

TIERBEOBACHTUNG

▶ *Leura Water Skink (Eulamprus leuraensis), endemisch in einigen Regionen des Blue Mountains National Park*

Wilde Tiere zu beobachten ist eine Frage des Wissens über die Tiere, aber auch des Zufalls. Denn auch wenn man mit einem auf Tierbeobachtung spezialisierten Tourenveranstalter unterwegs ist, erhöhen sich damit lediglich die Chancen, dass man die versprochenen Tiere auch tatsächlich zu Gesicht bekommt. Der Veranstalter hat schließlich ein **fundiertes Wissen** darüber, in welchem Lebensraum sich die Tiere zu welcher Jahres- und Tageszeit sowie bei welchem Wetter am ehesten aufhalten. Aber die Sichtung garantieren, kann verständlicherweise keiner. Will man es auf eigene Faust versuchen, findet man mithilfe guter Bestimmungsbücher durchaus das Habitat der Tiere, die man gerne erspähen würde.

Abgesehen davon braucht man **Geduld,** denn will man ein bestimmtes Tier beobachten, wird es nicht auf Kommando in Erscheinung treten. Gerade auf Touren, bei denen die Wanderung im Vordergrund steht, wird sich die Gruppe kaum die Zeit

TIERBEOBACHTUNG

nehmen, die Tiere in aller Ruhe zu beobachten. Insbesondere Vogelliebhaber kommen hier selten auf ihre Kosten, es sei denn, sie buchen ausdrücklich eine Vogelbeobachtungstour.

Wenn man Tiere beobachten möchte, sollte man sich in jedem Fall ein **gutes Fernglas** anschaffen, denn bis auf Känguruarten und Reptilien kommt man an die meisten australischen Tiere nicht dicht genug heran, um Details zu erkennen. Vögel z. B. sind entweder hoch in der Luft oder aber hoch oben in der Baumkrone zu sehen, wo man mit dem bloßen Auge kaum etwas zu erkennen vermag. Arboreal, d. h. auf Bäumen lebend, sind auch Koalas, Possums, Gleitbeutler und viele Reptilien.

Erschwerend kommt hinzu, dass eine Vielzahl der australischen Beuteltiere nachtaktiv ist. Man braucht also zur Ausleuchtung eine gute **Taschenlampe,** denn die Reichweite des Blitzes von der Kamera ist selten ausreichend zur Beleuchtung des Tieres hoch oben in den Bäumen, ganz abgesehen davon, dass das grelle Licht des Blitzes den Tieren schadet.

Bei der Verwendung von Taschenlampen zum Aufspüren der Tiere wird empfohlen, solche mit nicht mehr als 30 Watt zu verwenden, da sich die nachtaktiven Tiere in diesem Licht natürlich verhalten und nicht zum Weglaufen neigen.

Hat man einmal ein Tier aufgespürt, sollte man das Licht **mit rotem Zellophan filtern.** Denn wenn ein nachtaktives Tier, dessen Pupillen sich je nach Art gar nicht verengen können, für längere Zeit dem ungefilterten Licht der Taschenlampe ausge-

▲ *Stirnlampen sind bei Nachtwanderungen oft ideal. Hier eine winzige Golden Orb Spider im Schein der Lampe.*

TIERBEOBACHTUNG

Kameratipps

Wichtige Faktoren, die man bei der Auswahl der Kamera für eine Wildnis-Tour berücksichtigen sollte:

- ***Batteriedauer:*** *In der Wildnis hat man keine Gelegenheit, seine Digital- oder Videokamera aufzuladen, weil nun einmal weit und breit keine Steckdose in Sicht ist. Die benötigten Batteriemengen mitzunehmen, ist auch eine Gewichtsfrage (zumal arbeiten manche Kameras nur mit speziellen Batterien, die sehr teuer sind). Alternativ könnte man solarbetriebene Aufladestationen verwenden oder bei Geländewagenfahrten über die Autobatterie aufladen, aber auch hier stellt sich gerade bei der langen Wanderung die Frage nach dem Gewicht und der Praktikabilität. In all diesen Fällen fährt man besser mit einer herkömmlichen analogen Kamera, die wesentlich weniger Batterien verbraucht und mit nur einer Ersatzbatterie auskommt.*

- ***Objektive:*** *Selbst wenn man nur einen kurzen Trip in die australische Wildnis macht, reicht der Zoom der meisten Digitalkameras nicht aus, um ein Tier hoch in den Bäumen oder auf dem anderen Berg in sichtbarer Größe auf das Foto zu bannen. Vorteilhafter sind digitale Spiegelreflex-Kameras mit einem starken Zoom-Objektiv oder mit einem Teleobjektiv zum Wechseln wie bei analogen Spiegelreflex-Kameras. Ein weiterer Aspekt ist insbesondere bei Bushwalks das Gewicht. Deshalb lohnt es sich, nur ein gutes Zoom-Objektiv (z. B. 35-350 mm oder 28-200 mm) statt mehrerer Wechselobjektive zu haben, um sowohl nahe als auch ferne Objekte einzufangen.*

- ***Schnelligkeit:*** *Tiere bewegen sich schnell und tauchen aus dem Nichts auf, um ebenso schnell wieder zu verschwinden. Bei der Fotografie kommt es daher auch auf Schnelligkeit an. Preiswerte Digitalkameras sind meist sehr langsam, was das „Aufwachen" der Elektronik anbelangt. Mit analogen Kameras ist man in der Regel fast sofort einsatzbereit.*

TIERBEOBACHTUNG

▲ *Informationsschild über nachtaktive Tiere im Mount Field National Park in Tasmania*

setzt wird, ist es zumindest für den Zeitraum des Angestrahltseins verblendet. Damit bringt man das Tier nur unnötig in Gefahr. Gerade Vögel reagieren leicht mit Panik, fliegen davon und verletzen sich, weil sie mit ihren verblendeten Augen nicht genug sehen können. Ein verblendetes Tier wird auch zum leichten Fressen für seine natürlichen Feinde. Darüber hinaus kann das direkte Licht auch der Netzhaut der nachtaktiven Tiere schaden. Man sollte daher selbst mit Zellophanfilter die Beobachtungszeit in Grenzen halten.

Es gibt im Übrigen einen Trick, wie man die Taschenlampe richtig hält, um die **reflektierenden Tieraugen** zu sehen. Hält man die Taschenlampe lediglich auf Hüft- oder Brusthöhe, wird man in den meisten Fällen die Reflexion der Tieraugen nicht sehen können, weil der falsche Einfallswinkel auch einen falschen Ausfallswinkel nach sich zieht. Ideal ist es, die Taschenlampe mit angewinkeltem Ellbogen auf Augenhöhe zu halten oder gleich eine

TIERBEOBACHTUNG

Stirnlampe bzw. Kopfleuchte zu verwenden. Da es noch keine Zellophanfilter fertig als Aufsatz zu kaufen gibt und man sich diese selbst basteln muss, liegt der Nachteil der Stirnlampe darin, dass man diesen selbst gebastelten Aufsatz weniger leicht auf die Schnelle über die Lampe stülpen kann.

Im Gegensatz zur roten Reflexion von Menschenaugen, die man von Fotos mit Blitzlicht her kennt, reflektieren die Augen von z. B. Possums leuchtend pink und die Augen von Spinnen erzeugen eine helle blau-grüne Reflexion.

Generell gilt, dass man die besten Chancen hat, Tiere zu sehen, wenn man sich so **ruhig wie möglich** verhält und die Ohren spitzt. Tiere machen selbst Lärm und gerade im Dunkeln wird man sie oft erst hören bevor man sie sieht. Auch bei Tage hört man z. B. die kleinen Sumpfwallabies lange, bevor man sie sieht, denn im Gegensatz zu ihren großwüchsigen Känguru-Kollegen hüpfen sie am liebsten im Dickicht umher, wo die Zweige unter ihren Hinterläufen knackend brechen.

Eine Nachtwanderung wird ergiebiger, wenn man die Strecke auch schon mal bei Tage abgegangen ist und nach **Spuren der Tiere** wie Exkremente, Kratz- und Kriechspuren Ausschau gehalten hat. Beutelmarder graben z. B. konische Löcher, wenn sie nach wirbellosen Tieren suchen, Gleitbeutler hinterlassen feine Kratzmarkierungen auf Baumstämmen, Possums spucken gekaute Blättern aus und hinterlassen ebenfalls Kratzmarkierungen auf den Bäumen. Bei der Zuordnung und Identifizierung eines Tieres helfen Bestimmungsbücher. So kann man sich die Stellen, wo bestimmte nachtaktive Tiere sich offenbar in den vorangehenden Nächten aufgehalten haben, identifizieren und diese am Abend gezielt besuchen. In Nationalparks ist es dabei in der Regel nicht gestattet, vom Weg abzuweichen!

TIERBEOBACHTUNG

Tierbeobachtung in Sanctuaries

Prädestiniert für eine artenreiche Tierbeobachtung sind so genannte Sanctuaries, die zum Schutz der einheimischen Tiere eingerichtet wurden. Diese Gebiete sind in der Regel eingezäunt und somit sind die Tiere vor ihren größten Feinden geschützt. Die Sanctuaries sind ideal, um den Natururlaub beginnen zu lassen und die Tiere in ihrem geschützten Lebensraum zu beobachten, bevor man sich in der Wildnis nach den unbekannten Tierarten die Augen ausschaut. Eine gute Adresse ist die Australian Wildlife Conservancy, die 12 Schutzgebiete in ganz Australien verwaltet, von denen einige auch für die Öffentlichkeit zugänglich sind (www.australianwildlife.org). Vier weitere Schutzgebiete unterhält Earth Sanctuary Foundation (www.esl.com.au).

◀ *In einem Wildlife Park kann man einen Flying Fox einmal von ganz nahe betrachten, der sonst hoch oben in den Bäumen hängt.*

Vollmond- oder kalte Nächte sind im Übrigen für die Tierbeobachtung nicht geeignet. Bei Vollmond ist es einfach zu hell, also werten die nachtaktiven Tiere dies als Tageslicht und bei Kälte bleiben sie lieber im kuscheligen Nest oder Bau sitzen, statt auf Jagd zu gehen.

Für die Beobachtung von Vögeln, Schnabeltieren, Wallabies etc. sollte man sich angewöhnen, sehr früh aufzustehen, denn diese sind bei Tagesanbruch am aktivsten. Bei Tage, wenn es heiß ist, ziehen sich diese Tiere eher zurück und werden erst in der Abenddämmerung wieder aktiv – letztere ist jedoch zum Fotografieren weniger geeignet. Die wechselwarmen Reptilien wie Echsen und Schlangen wird man hingegen am ehesten mitten am Tage in der Hitze antreffen, wenn sie sich mit Sonnenenergie auftanken können.

Wissenswertes über Australiens Flora

Im Laufe der vergangenen 200 Jahre seit der Besiedlung des australischen Kontinents durch die Briten sind 83 höhere Pflanzenarten Australiens ausgestorben. Zugleich sind viele australische Pflanzen in die Gärten und Parks der ganzen Welt eingezogen. Von den insgesamt 15.638 bekannten einheimischen Pflanzen in Australien sind 92 % endemisch, d. h., sie kommen auf natürliche Weise nur in Australien vor.

So z. B. **Eukalyptusarten** wie der Tasmanische Blaugummibaum, dessen ätherische Öle seit ihrer Entdeckung in der Medizin zur Heilung von Asthma und Bronchitis sowie zur Herstellung von Menthol verwendet werden. Dieser *Eucalyptus globulus* ist auch die Nationalblume Tasmaniens, denn zur Blütezeit trägt der Baum viele cremeweiße Blüten.

AUSTRALIENS FLORA

Von den über 700 bekannten Eukalyptusarten kommen ca. 95% in Australien vor, die restlichen in Papua Neuguinea, Indonesien und auch auf den Philippinen. In Europa kann man sie besonders in Südfrankreich antreffen, aber dabei handelt es sich natürlich um australische Arten, die hier vor langer Zeit angepflanzt wurden.

Eukalyptusbäume sind die vorherrschende Baumart in Australien. Ihre **ätherischen Öle** verleihen der Luft die besondere Duftnote und sorgen für den bläulichen Schimmer in der Luft, der den ausgedehnten Waldflächen westlich von Sydney den Namen Blue Mountains eingetragen hat. Die eher kleinwüchsigen, buschigen Arten von Eukalyptus nennt man in Australien in der Regel **Mallee.**

Die Gattung Eukalyptus gehört zu den Myrtengewächsen (Myrtaceae), deren Früchte allesamt hölzern ausfallen und die wundervolle faserige Blüten hervorbringen. Nebst den Eukalyptusarten gibt es auch ca. 30 Arten von **Callistemon** bzw. Zylinderputzer, allgemein als Bottlebrush bezeichnet wegen

▼ *Leicht verständlich, warum die Callistemons als Zylinderputzer bezeichnet werden*

AUSTRALIENS FLORA

▲ *Giant Honey Myrtle (Melaleuca armillaris)*

▲ *Heath Banksia (Banksia ericifolia)*

▲ *Eine Grevillea-Art*

ihres Aussehens, das an eine Flaschenreinigerbürste erinnert. Sie sind bis auf vier Arten nur in Australien heimisch (der Rest in Neukaledonien). Zur gleichen Familie gehören auch die rund 170 Arten der Gattung **Melaleuca** bzw. Myrtenheide, von denen einige wenige auch in Indonesien, Malaysia, Neuguinea und Neukaledonien anzutreffen sind. Ihre Baumvarianten nennt man in Australien üblicherweise **Paperbark** *(Melaleuca spp.)* und ihre Buschvarianten **Honey Myrtle** *(Melaleuca armillaris)*. Man findet sie vor allem im tropischen Norden Australiens, wo weniger Eukalyptusarten wachsen. Ihre Blüten erinnern ebenso an farbenfrohe Flaschenreinigerbürsten.

Eine vierte wichtige Gattung unter den Myrtengewächsen ist *Leptospermum* mit ihren 86 Arten, die uns besser bekannt sind als **Tea Tree** (Teebaum), da die ersten Siedler in Australien und Neuseeland aus den Blättern dieser Arten Tee kochten. Heute sind die Teebäume besonders für das aus ihnen gewonnene Teebaumöl bekannt, das weltweit als antiseptisches Öl vermarktet wird.

Die von *Joseph Banks* 1770 bei Kapitän *James Cooks* erster Landung in Australien entdeck-

AUSTRALIENS FLORA

ten Blumen aus der Familie der Silberbaumgewächse bzw. Proteusgewächse *(Protea)* heißen nicht von ungefähr **Banksia,** denn sie wurden nach *Joseph Banks* benannt. Diese Gattung mit ihren ca. 75 Arten ist nur in Australien zu finden, wobei allerdings 80 % aller Arten im Süden von Western Australia anzutreffen sind. Die verhölzerten Fruchtzapfen werden gerne in der Floristik als dekoratives Material eingesetzt.

Ebenfalls zu den Silberbaumgewächsen gehört die Gattung **Dryandra** mit ihren ca. 92 Arten und 36 Unterarten, die alle ausschließlich im Südwesten Australiens vorkommen. Man kennt sie in Europa schon mal als exotische Blüte in Trockenblumengestecken. Bei europäischen Floristen, die mit exotischeren Arten arbeiten, kann man einige Exemplare von den Silberbaumgewächsen antreffen, so auch eine der über 300 Arten von **Grevilleas** *(Grevillea spp.)* oder der ca. 130 Arten von **Hakeas** *(Hakea spp.).* Letztere haben ihren Namen *Christian Ludwig Freiherr von Hake,* einem hannoverischen Politiker, zu verdanken, der als Förderer der Botanik galt. Die Anwesenheit von Gattungen der Protea-Familie in Australien belegt übrigens, dass Australien einst mit Afrika und Südamerika als Teil von Gondwa-

▲ *Pine-leaved Geebung (Persoonia pinifolia), eine Buschart die bis zu 4 m hoch wird und auf Sandstein wächst*

▲ *Grass Trees (Xanthorrhoea glauca), werden bis zu 1,4 m groß*

AUSTRALIENS FLORA

▲ *Baumriese im Otway National Park, Victoria. Manche der Eucalyptus regnans (Mountain Ash oder Swamp Gum) sind über 90 Meter hoch und rund 400 Jahre alt. Es sind die größten blühenden Bäume der Welt!*

naland verbunden gewesen sein muss, denn dort gibt es andere Gattungen dieser Familie.

Ein Besuch in einem vom **Buschbrand** verwüsteten Gebiet zeigt, wie sehr sich die australische Fauna an die immer wiederkehren Feuersbrünste angepasst hat. Nach nur wenigen Monaten grünt und blüht dort schon wieder alles, so als sei es der schönste Frühling. Zu den überlebensfähigen Arten gehören auch Banksias, Hakeas, einige Eukalyptusarten, Teebäume und Kajeputbäume mit einer dicken Rinde zum Schutz der Baumstämme. Ihr Samen ist in einer dichten hölzernen Kapsel eingeschlossen, die sich überhaupt nur bei Feuerhitze öffnen und dann keimen kann. Doch obwohl sich diese Arten nur mittels eines Buschfeuers fortpflanzen können, sind sie durch zu häufig stattfindende Buschbrände bedroht. Die meisten Pflanzen brauchen nämlich ein paar Jahre, bevor sie blühen und

Australiens Flora

somit Samen produzieren können. Wenn also die Buschbrände so häufig auftreten wie in den vergangenen Jahren, können die Bäume in der kurzen Zeit keine Samen produzieren und werden daher zu einer zunehmend bedrohten Art.

Von den über 1200 Arten von **Akazien,** Down Under kollektiv *Wattles* genannt, sind 954 in Australien heimisch. Die restlichen Arten der Mimosenfamilie findet man vor allem in Afrika. Die meisten erreichen lediglich Buschhöhe, nur wenige werden baumhoch. Ihre Blüten sind klein, aber davon gibt es dann so viele auf einem Haufen, dass der Busch in cremeweiß bis leuchtend gelb erstrahlt. Die bekannteste Art ist die Golden Wattle *(Acacia pycnantha),* welche die Nationalblume Australiens ist.

Aus der Familie der Hülsenfrüchtler *(Fabaceae)* ist die **Sturt's Desert Pea** sicherlich am bekanntesten wegen ihres einmaligen Aussehens. Diese Wüstenblume steht in South Australia unter Schutz und ist auch die Nationalblume dieses Bundesstaates. Die Hülsenfrüchtler sind die weltweit drittgrößte Familie der Höheren Pflanzen mit über 500 Gattungen und mehr als 12.000 Arten; davon sind 140 Gattungen und 1100 Arten in Australien heimisch.

Naturgenuss

GEFAHREN IN OUTBACK UND BUSH

▶ *Diese Schwarzkopfpython war selbst in Gefahr, als sie die Gibb River Road überquerte, und wird in Sicherheit gebracht (Foto: Landscope)*

Gefahren in Outback und Bush

Gefahren in Outback und Bush

Sicherheit in Australien

Australien ist ein sehr sicheres Land, in dem man nicht übermäßig Angst vor Diebstahl oder Überfall haben muss. Man sollte dort einfach dieselben Vorsichtsmaßnahmen ergreifen wie auch zu Hause in Mitteleuropa. Negative Schlagzeilen über die sieben Belanglo-Backpacker-Morde durch *Ivan Robert Marko Milat* in New South Wales zwischen 1989 und 1992, sowie das jüngere Beispiel der Ermordung des britischen Touristen *Peter Falconio* im Jahr 2001 sind berühmt gewordene Einzelfälle, die gerne von Aussies als Mahnung zur Vorsicht angeführt werden, aber in der Statistik verschwinden sie zahlenmäßig im Vergleich mit den Todesfällen, die durch Verkehrsunfall, Herz- und Gefäßkrankheiten, Unfall im Haushalt oder Freizeit, Hitzetod, Hautkrebs etc. verursacht wurden.

Aber in Outback und Bush lauern viele für uns Europäer völlig **fremde Gefahren,** auf die man sich gut vorbereiten sollte, damit man einerseits immer auf der sicheren Seite bleibt und andererseits im Ernstfall weiß, was zu tun ist. Wer sich nicht einer organisierten Tour angeschlossen hat, sollte dieses Kapitel besonders aufmerksam lesen. Im Outback funktioniert das Mobiltelefon meist nicht, um Hilfe rufen zu können, und der nächste Arzt kann Hunderte von Kilometern entfernt sein.

Zu den offensichtlichen Sicherheitsmaßnahmen gehört natürlich, z. B. die **Sicherheitshinweise der Nationalparks** zu beachten. Die Wanderwege in den Nationalparks sind üblicherweise nach Schwierigkeitsgraden eingestuft. Europäische Alpinisten sind manchmal erstaunt, dass manche Wanderwege in Australien als mittelschwer eingestuft werden, die in den Alpen schon als schwer gelten würden. Unbedingt beachtet werden sollten auch die Empfehlungen zur mitzuführenden Trinkwassermenge!

WETTERBEDINGTE GEFAHREN

Wetterbedingte Gefahren

Sonnenstich und Dehydrierung

Sonnenschein und blauer Himmel mögen zu den Gründen gehören, warum sich viele Australien als Urlaubsziel aussuchen, doch gerade diese stellen eine der größten Gefahren in Down Under dar. Die Sonne ist in Australien nun einmal viel intensiver, als wir es von Europa her gewöhnt sind. Auf das Hautkrebs- und Kataraktrisiko wurde bereits im Kapitel „Ausrüstung" (s. S. 100) hingewiesen. Ein **Sonnenstich oder Hitzschlag** gehört zu den häufigsten Unfallursachen unter Touristen. Aber auch die Australier

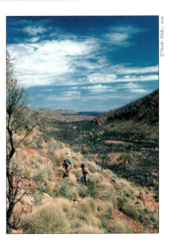

▲ *Wandert man den ganzen Tag lang bei strahlendem Sonnenschein, ist regelmäßiges Trinken Pflicht*
(Foto: Willis's Walkabouts)

Behandlung von Sonnenstich und Hitzschlag

Klagt jemand über Kopfschmerzen, Schwindel oder Übelkeit, hat diese Person offensichtlich einen Sonnenstich und muss sie so schnell wie möglich in den Schatten gebracht und ihre Körpertemperatur gesenkt werden. Am besten geht das, indem man die Füße in Eiswasser stellt und auch den Kopf und die Gliedmaßen sanft mit Eiswürfeln abreibt. Hat die Person eine stark erhöhte Temperatur (bis zu 43 °C) bzw. eine heiße, trockene, rote Haut, verliert das Bewusstsein, hat Krampfanfälle und kommt es gar zum Atem- und Kreislaufstillstand, besteht ein Verdacht auf Hitzschlag. Man hilft sofort durch Beatmung und Herzdruckmassage (Kopf nach hinten, 2 Atemspenden, 15 Herzdruckstöße) und die Person muss schnellstmöglich medizinisch versorgt werden.

WETTERBEDINGTE GEFAHREN

> **Wenn Bäume dehydrieren**
> *Die einheimische Flora hat sich an die immer wiederkehrenden Dürreperioden angepasst und kann ihren Wasserhaushalt auf ungewohnte Art optimieren. Um das „Herz" des Baumes in lang anhaltenden Dürrezeiten mit ausreichend Wasser versorgen zu können, lassen manche Eukalyptusbäume wie River Red Gums ganze Äste einfach absterben, die dann unversehens abbrechen und niederstürzen. In einer Dürrezeit sollte man daher sein Nachtlager nicht unter den vermeintlich Schatten spendenden Eukalyptusbäumen einrichten, denn sonst könnte man unter einem Ast begraben werden. Auch sein Fahrzeug sollte man dort nicht parken, wenn man Schereien mit der Versicherung vermeiden möchte. In der Regel decken die australischen Versicherungen nur Schäden ab, die durch einen Auffahrunfall mit einem anderen Fahrzeug entstehen.*

sind nicht immer vorsichtig genug. Bei einer anhaltenden Hitzewelle 1939 starben 438 Menschen an diversen Formen der Überhitzung und Dehydrierung, während die durch dieselbe Hitzewelle ausgelösten Buschbrände am „Black Friday" „nur" 71 Menschenleben nahmen.

Leicht heizt man seine Körpertemperatur bei 35–45 °C im Schatten gefährlich in Richtung 40 °C und darüber auf. Man muss **viel Flüssigkeit** zur Kühlung trinken, damit die Temperatur unterhalb der Fiebergrenze gehalten werden kann! Um sich vor direkter Sonnenstrahlung zu schützen, sollte man daher zu allen Zeiten einen Hut und weite, atmungsaktive Kleidung tragen. Man verschätzt sich leicht, wenn die Luftfeuchtigkeit hoch ist und zudem eine leichte Brise weht. Ein Warnsignal sollte sein, wenn man trotz Flüssigkeitszufuhr über Stunden kein Wasser lassen muss, denn dann halten sich Zufuhr und Verbrauch unter Umständen nicht einmal die Waage. Richtwert: Bei körperlicher Bewegung an heißen Tagen kann der Körper bis zu einem Liter Wasser pro Stunde über Verdunstung

WETTERBEDINGTE GEFAHREN

verlieren. Das Institut für Sportmedizin in Australien empfiehlt, dass man vor Verlassen des Hauses rund 500 ml Wasser trinken sollte und anschließend 200–300 ml alle 15 Minuten. Tee, Kaffee, Alkohol und auch Limonaden sind nicht geeignet.

Buschbrände

Lang anhaltende Dürrezeiten wie sie durch das Klimaphänomen **El Niño** immer häufiger auftreten, sorgen für die bedrohlichen Buschbrände, die Australien im Norden von Juni bis November, im Südosten von September bis Februar und im restlichen Süden von Dezember bis März heimsuchen.

Zu einer der **größten Katastrophen** gehörte der 16. Februar 1983, bekannt als „Ash Wednesday" (Aschermittwoch), wegen der 180 Buschbrände,

▼ *Diese Straßenschneise im Kakadu National Park hat den Buschbrand gestoppt*

WETTERBEDINGTE GEFAHREN

die an diesem Tag in Victoria 200.000 ha Farmland und mehr als 2000 Häuser niederbrannten, sowie weitere 159.000 ha Farmland und mehrere hundert Häuser in den Adelaide Hills. Mehr als 21.000 Menschen halfen beim Kampf gegen die Brände, die teilweise durch Blitzeinschlag entstanden waren und teils durch Achtlosigkeit. 75 Menschen verloren ihr Leben in dem Inferno, Hunderte wurden verletzt und Hunderttausende Rinder und Schafe fanden den Tod. 1994 war wiederum ein einschneidendes Jahr mit mehr als 800 Buschbränden in New South Wales, die 800.000 ha Land versengten, vier Menschen das Leben kosteten und 250 Häuser niederbrannten. Die Brände waren unter dem Strich vielleicht weniger verheerend, aber sie dauerten länger an und hatten Sydney vollkommen eingekreist. Ein neues Inferno am 18. Januar 2003 traf die Hauptstadt Canberra, wobei man 530 Wohnhäuser, aber dank der großräumigen Evakuierung nur vier Menschenleben verlor.

WETTERBEDINGTE GEFAHREN

Warnschilder

Auf den Outbackstraßen trifft man regelmäßig auf Schilder, die auf die Buschbrandgefahr hinweisen:
- *Low–Moderate: Die Gefahr ist gering, Feuer gehen leicht von allein wieder aus.*
- *High: Feuer können leicht aufkommen.*
- *Very High: Feuer können extrem leicht aufkommen. Leicht sind bewohnte Gebiete bedroht.*
- *Extreme: Feuer sind kaum zu löschen. Jeder Hausbesitzer sollte gut vorbereitet sein, sein Haus zu schützen.*
- *Total Fire Ban: Jegliche Art von Feuermachen ist untersagt. Das Verbot gilt mindestens 24 Stunden oder bis es aufgehoben wird.*

Damit solche verheerenden Buschbrände vermieden werden, setzt man die alte, aber umstrittene Praxis der Aboriginals fort, **kontrolliert Buschbrände** zu entzünden. Regelmäßig zum Frühlingsbeginn wird das Unterholz in den Gärten, Parks und Randzonen der Stadt abgebrannt, bevor es im Sommer durch die heißen Winde aus dem Landesinneren getrocknet wird und wie Zunder entflammen kann. Die Landschaft verändert sich dann in eine geisterhaft grau-schwarze Welt, in der aus den Schwelbränden weiterhin Qualm aufsteigt und eine nebelhafte Smogglocke den Blick gen Himmel trübt. Die Aboriginals betreiben das *fire stick farming* auch, um die Populationen bestimmter Tiere zu kontrollieren und das Wachstum der Pflanzen zu beeinflussen.

Will man keine Brände durch Achtlosigkeit verursachen, sollte man die Warnschilder bezüglich der **Feuerrestriktionen** strikt beachten. In Zeiten extremer Feuergefahr sollte man sich regelmäßig per

WETTERBEDINGTE GEFAHREN

> **Vom Buschfeuer eingeschlossen**
> *Droht man einmal von einem Buschfeuer eingeschlossen zu werden, sollte man in jedem Fall im Fahrzeug bleiben! Das Fahrzeug ist der sicherste Ort. Der Tank wird mit Sicherheit nicht explodieren, denn dafür müsste er 30 Minuten in Flammen stehen. Ein Buschfeuer zieht jedoch in der Regel binnen drei bis vier Minuten weiter. Man sollte das Fahrzeug an einer Stelle parken, wo so wenig brennbares Gras oder Büsche wie möglich sind. Den hinteren Teil des Fahrzeugs am besten dem nahenden Feuer zuwenden – das reduziert die Hitze im Wagen. Alle Fenster und die Ventilation nach außen schließen und in den Fußraum des Fahrzeugs kriechen. Dort legt man schützende Decken, Kleidungsstücke oder auch Fußmatten über sich, die als Isolierung gegen die Hitze dienen. Keine Panik: Der Sauerstoff ist ausreichend für die Dauer des Feuers. Das Gebiet sollte man erst verlassen, wenn das Feuer eindeutig vorbeigezogen und nur noch wenig Rauch aus schwelenden Resten zu sehen ist.*

Radio informieren und die gefährdeten Gebiete weiträumig meiden. Dass man keine Zigarettenkippen, Glas oder sonstigen Abfall in die Natur wirft, die allesamt ein Feuer entfachen können, versteht sich von selbst.

Stürme und Zyklone

Zu Beginn der Regenzeit im tropischen Norden Australiens werden die Regengüsse in der spannungsgeladenen, schwülen Hitze von ungestümen **Gewittern** begleitet. Ein nicht ganz ungefährliches Naturschauspiel.

Überdies toben in der Regenzeit auch **Zyklone bzw. Antizyklone** auf dem Meer und an den australischen Nordküsten zwischen Broome in Wes-

WETTERBEDINGTE GEFAHREN

tern Australia und Brisbane in Queensland. Die bekannteste Katastrophe verursachte Zyklon „Tracy", dessen um die 250 km/h schnellen Winde Heiligabend 1974 neun Stunden lang in Darwin tobten. Darwin wurde zu 80% dem Erdboden gleichgemacht, es gab 65 Todesopfer und ca. 650 Verletzte. Gut 25.000 Einwohner wurden mit einem Schlag obdachlos. 1991 raubte Zyklon „Fifi" 29 Menschenleben auf hoher See vor Western Australias Küste und 1997 verursachte Zyklon „Justin" weitere 7 Todesfälle bei Innisfail in Queensland.

Vor Aufbruch in die Wildnis sollte in den Nachrichten geprüft werden, ob **Zyklonwarnungen** oder Warnungen vor nahenden tropischen Sturmfronten vorliegen und diese sollten auch unbedingt beachtet werden.

Große Mengen Niederschlag in sehr kurzer Zeit gibt es in Australien immer wieder und dies führt zu **sintflutartigen Überschwemmungen,** die die vertrockneten Flussläufe im Outback in Windeseile in reißende Flüsse verwandeln. Sie machen das Passieren der die Flüsse kreuzenden Straßen dann oft unmöglich. Im Norden Australiens kommen diese Überschwemmungen vorwiegend zu Beginn der Regenzeit gepaart mit tropischen Zyklonen vor. An der Ostküste erscheinen sie als Folge eines Tiefdruckgebietes oberhalb der Tasman Sea vorwiegend in den Winter- und Frühlingsmonaten (Juni bis November).

Das wahre Gegenteil sind **Sandstürme,** die in Trockenzeiten häufig in der Wüste auftreten und nicht selten eine Wirbelform wie ein Tornado annehmen. 1944/45 reichte ein starker Staubsturm

> **Wetterbericht**
> *Den aktuellen Wetterbericht erfährt man in den Medien oder direkt auf der Homepage des Commonwealth Bureau of Meteorology (www.bom.gov.au) unter „Weather and Warnings". Auf den Internetseiten der Nationalparks werden außerdem konkrete Buschbrände, Überschwemmungen und die Schließung bestimmter Wanderpfade, Straßen oder ganzer Parks gemeldet. Die Besucherzentren der Nationalparks kann man auch anrufen und sich konkret über die Entwicklung erkundigen.*

bis nach Adelaide und verdunkelte den Himmel derart, dass man die Straßenlaternen am Tag anzünden musste. Die kleinen harmlosen Varianten von Luftwirbeln mit Sand und Staub sieht man oft im Zentrum Australiens. Sie werden verniedlichend *willy willy* genannt und sind vom Fahrzeug aus beobachtet noch ganz interessant. Wenn man jedoch zu Fuß unterwegs ist, fühlt sich der Staub und Sand zwischen den Zähnen weniger angenehm an.

Australischer Verkehr

Linksverkehr

Alljährlich werden unzählige Unfälle auf australischen Straßen durch Touristen verursacht, die es nicht gewohnt sind, **auf der linken Straßenseite** zu fahren. Man gewöhnt sich in der Regel schnell daran, mit der linken Hand zu schalten, nach links in den Rückspiegel zu schauen, über die linke Schulter zum rückwärts fahren zu blicken und zum Blinken den rechten Hebel zu betätigen. Im Stadtverkehr gewöhnt man sich auch schnell daran, hinter den anderen Autos in der linken Spur herzufahren und korrekt abzubiegen. Aber auf Outbackpisten, wo man manchmal über Stunden allein auf der Strecke ist, driftet manch ein Europäer leicht gedankenversunken in die rechte Fahrspur und reagiert nicht immer rechtzeitig, wenn vor ihm ein Fahrzeug in derselben Fahrspur auftaucht. Man sollte daher zu Beginn sehr vorsichtig fahren.

AUSTRALISCHER VERKEHR

Roadkill – Zusammenstoß mit Tieren

Auch in Europa stehen Warnschilder für Wildwechsel, aber die Zahl der Autofahrer, die 2003 tatsächlich einen Unfall durch Wild auf der Fahrbahn hatten und dabei selbst zu Schaden kamen, ist z. B. in Deutschland mit 2792 verhältnismäßig gering. Viele nehmen daher die Warnschilder in Europa kaum noch wahr.

In Australien sollte man die Flut an gelben, viereckigen Verkehrsschildern, die vor **Tieren auf der Fahrbahn** warnen, jedoch sehr ernst nehmen. Ein Zusammenstoß mit Tieren auf der Fahrbahn ist in Australien eine nicht zu unterschätzende Gefahr. 1993–94 wurden z. B. in New South Wales über 3000 Tiere angefahren, dabei starben 269 Kängurus und Wallabies, 11 Koalas, 247 Possums, 19 Nacktnasenwombats, 10 Kurzschnabel-Ameisenigel und 1215 Vögel. Auf tasmanischen Straßen werden jährlich ca. 1 Mio. Tiere, darunter auch etwa 5000 Beutelteufel, durch einen Zusammenstoß mit Fahrzeugen getötet, was zu der erschreckend hohen Zahl an Tierkadavern am Wegesrand führt. Schätzungen von *Wildlife Information and Rescue Service (WIRES)* zufolge werden durchschnittlich täglich(!) 3400 einheimische Tiere auf den Straßen ganz Australiens überfahren. Hinzu kommen außerdem Rinder, Schafe, Katzen, Hunde, Pferde, Schweine, Kamele, Esel, Kaninchen etc.

Abgesehen davon, dass es nicht gerade zu den angenehmsten Erfahrungen gehört, ein Tier zu überfahren, kommen die Versicherungen der Autovermietungen in der Regel nicht für diese Art von Schaden auf, der sich leicht auf 3000 $ pro Fahrzeug belaufen kann. Um einen Zusammenstoß mit den einheimischen Beuteltieren zu vermeiden, sollte man generell auf **Fahrten in der Morgen- oder Abenddämmerung,** d. h. im Sommer vor 7 Uhr

Australischer Verkehr

morgens und nach 6 Uhr abends, verzichten. Das ist die Tageszeit, zu der z. B. Kängurus, Wallabies, Nacktnasenwombats u. a. am aktivsten sind.

Auch **Nachtfahrten** sollte man unterlassen, denn viele einheimische Tiere wie z. B. Possums sind nachtaktiv. Durch die Autoscheinwerfer geblendet, sehen die Tiere nicht mehr gut und springen oftmals in letzter Minute vor den Autokühler.

Ist es dennoch nötig, zu diesen Zeiten zu fahren, sollte man **langsam fahren** und sich somit eine Chance geben, den Zusammenstoß zu vermeiden. Um Personenschäden zu minimieren, sollte man nicht versuchen auszuweichen, sondern einfach nur bremsen. Um den Schaden am Fahrzeug zu begrenzen, haben viele Fahrzeuge im Outback ein *roo bar* (Känguru-Gitter) oder nach amerikanischem Vorbild *bull bar* (Bullen-Gitter), sprich eine

▶ *Achtung! Helmkasuare auf der Straße!*

AUSTRALISCHER VERKEHR

zusätzliche Stoßstange. Dieser verursacht allerdings wesentlich ernstere Verletzungen bei den Insassen, wenn man mit einem anderen Fahrzeug kollidiert. Daher ist der Gebrauch nur an Geländewagen akzeptabel, die im Outback und vor allem Offroad unterwegs sind.

Es wurden kleine **Ultraschallpfeifen** zur Montage an der Stoßstange sowie elektronische Geräte wie z. B. Shoo Roo auf den Markt gebracht, die die Tiere durch eine für Menschen unhörbare Frequenz vorwarnen sollen. Kängurus sollen sich dadurch in die Höhe recken, wodurch man sie besser sehen und sein Tempo noch einmal drosseln könne. Diese Hilfsmittel sind zwar noch immer umstritten, aber die Ausgabe von z. B. 7 $ für die Pfeifen scheint in der Hoffnung, Unfälle zu vermeiden, nicht übertrieben (bei einem Test durch die University of Melbourne wurden sie jedoch als ineffektiv gewertet).

Alle **überfahrenen Tiere** sollte man von der Straße schaffen, damit durch Aasfresser auf der Fahrbahn nicht noch weitere Unfälle entstehen. Lebt das Tier noch, sollte man den nächstgelegenen Tierrettungsdienst *(wildlife/animal rescue)*, Nationalpark oder einen Tierarzt informieren (die passende Rufnummer für Ihr Reisegebiet können Sie unter „Links" bei www.animalworld.com.au und den Internetseiten der Nationalparks nachschlagen, siehe Anhang). Auch wenn es logisch erscheint, es bei offensichtlich unheilbaren Verletzungen zu töten, damit es keinen langen, qualvollen Tod sterben muss, ist dies für den Laien verboten.

Unterwegs auf Outbackpisten

Fährt man Offroad in die abgelegenen Gebiete des australischen Outback sollte man niemals nur mit einem Fahrzeug unterwegs sein. Das gilt ganz besonders für Wüstengebiete. Bei Wüstentrips sollte

AUSTRALISCHER VERKEHR

auch mindestens eine Person in der Gruppe **sich mit Autoreparatur auskennen,** um ein mögliches Problem mit dem Fahrzeug zu beheben. In den heißen Monaten ist es auf keinen Fall ratsam, die Wüstenstrecken zu befahren, denn bei 50 °C im Schatten halten es weder Mensch noch Maschine lange aus.

Für die klassischen Geländewagenstrecken durch die abgelegenen Regionen Australiens wird empfohlen, die geplante Reiseroute, Reisedauer und persönlichen Daten der Teilnehmer **bei der Polizei registrieren** zu lassen und sich dort nach Rückkehr wieder zurückzumelden. Dazu sollte man auch einen Meldeplan ausarbeiten, der Termine vorgibt, wann man sich meldet. Bleibt die Rückmeldung aus, kann ein Suchtrupp ausgesandt werden.

Die Veranstalter, die in den abgelegenen Regionen Australiens Bushwalks organisieren, machen allerdings darauf aufmerksam, dass man damit rechnen muss, im Falle eines schweren Unfalls im Bush zu sterben. Wenn etwas Ernstes passiert, dauert Hilfe zu holen unter Umständen zu lang. Dies vor Augen geführt, wird man keine Risiken eingehen und auf eine gute Ausrüstung achten.

Das Fahren auf den für Australien typischen **Schotterpisten,** die 80 % der australischen Straßen ausmachen, will gelernt sein. Zum einen ist der Bremsweg wesentlich länger und zum anderen lässt auch die Manövrierfähigkeit des Fahrzeuges zu wünschen übrig. Auf einer Piste aus Sand oder so genanntem *bull dust* (Bullen-Staub), das ist ganz feiner, mehlartiger Staub, ist das Fahrverhalten des Fahrzeuges in etwa so **wie bei Aquaplaning** und man hat als Fahrer recht wenig Kontrolle über das Fahrzeug. Ähnlich verhält es sich auch auf zerfurchten und ausgewaschenen Pisten.

Eine zusätzliche Gefahr stellen die **road trains** dar. Das sind LKWs mit zwei oder mehr Anhän-

Australischer Verkehr

gern, die die Straße für sich vereinnahmen. Mit drei Anhängern sind sie über 53 m lang und somit einer Autoschlange von ca. zehn Autos gleichzusetzen. Diese gut 100 Tonnen schweren Kolosse kann man auf einer Outbackpiste unmöglich überholen, weil sie eine derartige **Staubmenge** aufwirbeln, dass die Sicht für gut 100 m behindert wird. Zudem schleudern ihre Reifen schnell **Steinchen** in die Luft, die nur allzu leicht auf der Windschutzscheibe landen können – ein Schaden, den die Versicherungen der Autovermieter oft nicht decken. Man lässt daher am besten einen gebührenden Abstand zu den Brummis.

Will ein *road train* Sie überholen oder kommt Ihnen einer entgegen, sollte man an die Seite fahren und ihn vorbeifahren lassen. Nur die Geschwindigkeit zu drosseln reicht nicht aus, denn der lange LKW braucht viel Platz und durch die Wucht des mit 90–100 km/h fahrenden Kolosses kann man ohnehin leicht von der Straße gedrückt werden. Überdies könnten die weichen Ränder der Straße

▲ *Die gewaltigen road trains fegen Tiere und unvorsichtige Autofahrer von der Straße*

AUSTRALISCHER VERKEHR

den Lastwagen leicht ins Schleudern kommen lassen und die Staubwolke die ihm folgt, wird Ihnen ohnehin die Sicht versperren.

Viele Outbackpisten sind für robuste, zweiradangetriebene Fahrzeuge problemlos befahrbar (wenn nicht, ist auf jeder australischen Straßenkarte angegeben, dass die Straße ausschließlich für Geländewagen befahrbar ist). Es ist darauf zu achten, dass die **Bereifung** für Schotterstraßen geeignet ist, um platte Reifen zu vermeiden, die immer zu einem Unfall führen können.

Viele **Autovermietungen** verbieten das Befahren von ungeteerten Straßen mit zweiradangetriebenen Fahrzeugen. Dies ist bei der Streckenplanung zu berücksichtigen.

Außerdem sollte man sich darüber im Klaren sein, dass ein Regenguss eine Outbackpiste im Nu in eine **sumpfige Schlammmasse** verwandeln kann, auf der das Fahren zur glitschigen Rutschpartie wird und man mit einem Zweiradantrieb nicht mehr weiterkommt. Outbackstraßen kommen in der Regel ohne richtige Brücken über schmalen Flüsse aus, da die Flussbetten oft zu einem Rinnsal ausgetrocknet sind. Nach Regen füllen sich diese jedoch schnell und man hat vielleicht einen **Fluss zu durchqueren.** Der Umwelt und eigenen Sicherheit zuliebe sollte man Wasserläufe nur an markierten Stellen und immer im 90°-Winkel überqueren, damit der Flusslauf so wenig wie möglich beschädigt wird. Vor dem Durchqueren ist die Überprüfung der Tiefe ratsam, die in der Regel durch Messpfähle angezeigt wird, wie man sie auch in Europa zum Messen von Wasserständen oder Schneehöhen verwendet. Im Zweifelsfall watet man am besten zunächst zu Fuß durch, um sicherzugehen, dass unter der Wasseroberfläche keine gefährlichen größeren Objekte angespült wurden. Davon ist im Norden Australiens allerdings abzuraten, da dort

Australischer Verkehr

eventuell Leistenkrokodile leben könnten. Unbedingt entsprechende Warnschilder beachten.

Es sei davor gewarnt, eine Wasserdurchquerung mit einem **Dieselfahrzeug ohne Schnorchel** zu versuchen, denn der Schaden, der durch das Absaufen des Motors infolge des eingedrungenen Wassers verursacht wird, ist von den Versicherungen der Autovermieter nicht gedeckt.

Wie anstrengend die Fahrt auf Outbackpisten ist, wird von ausländischen Besuchern häufig unterschätzt. Die Hitze, der Staub und die Fliegen rauben besonders dem den letzten Nerv, der keine Klimaanlage im Fahrzeug hat. Es ist mehr als empfehlenswert, ein Fahrzeug mit **Klimaanlage** zu mieten, aber auch dann sollte man die Hitze, die man durch die Fensterscheiben zu spüren bekommt, nicht unterschätzen.

Die Unfallursache Nummer Eins auf den Outbackpisten ist **Übermüdung am Steuer.** Bei der Planung der Übernachtung sollte man daher kürzere Abstände planen, als man auf geteerten Straßen zurücklegen kann.

Bei über 50 °C kann auch die geteerte Straße unangenehm schwammig werden. Nicht überall ist die **Teerqualität** die beste und die Masse schmilzt förmlich in der Sonne und verklumpt sich an den Reifen.

Die Kühlung des Motors erfolgt über die Luft, aber wenn die Lufttemperatur selbst schon 50 °C übersteigt, wird dies kaum noch möglich sein. Unter diesen Umständen ist es wichtig, regelmäßig die Kühlflüssigkeit und auch den Ölstand zu prüfen, um nicht ungewollt mitten im Outback liegen zu bleiben. Das ist nicht nur lästig, sondern verspricht auch eine kostspielige Sache zu werden, denn die **Rückführung eines Mietfahrzeuges** ist ebenfalls in der Regel nicht in den Versicherungspaketen enthalten.

Gefährliche Tiere

Man sollte sich beim Anmieten eines Fahrzeuges daher immer im Klaren darüber sein, dass man **im Schadensfall** einige 1000 $ zu zahlen hat, weil man sich gegen diese Widrigkeiten der australischen Gegebenheiten nicht versichern kann.

Abgesehen vom Linksverkehr sind auch die **fehlenden Bahnschranken** für kontinentale Europäer gewöhnungsbedürftig. An vielen Bahnübergängen sind nicht einmal Warnleuchten, also gilt es, besonders aufmerksam zu sein.

Gefährliche Tiere

Im Vergleich mit den anderen Kontinenten der Welt soll es in Australien die größte Ansammlung an für den Menschen tödlich giftigen Tierarten geben. Das ist jedoch kein Grund, nervös zu werden. Schließlich sind all diese Tiere (mit Ausnahme des Leistenkrokodils) nicht am Menschen interessiert, sondern laufen vor uns davon. Nur wenn man die Tiere bedroht oder einengt, werden sie zur Vertei-

▼ *Das Leistenkrokodil hält sich im schlammigen Wasser bedeckt, um überraschend angreifen zu können*

GEFÄHRLICHE TIERE

digung angreifen und das passiert sehr selten. Sie hören oder riechen uns „meilenweit gegen den Wind", während wir noch keine Ahnung von ihrer Anwesenheit haben.

Wenn man sich in Nationalparks an die jeweiligen **Parkregeln** hält und weder Tier noch Pflanze berührt, füttert oder stört, sondern sie nur beobachtet und zu allen Zeiten die markierten Pfade nicht verlässt, wird es bei einem positiven und ungefährlichen Naturerlebnis bleiben.

Eine mehr als ernst zu nehmende Gefahr ist das **Leistenkrokodil** im tropischen Norden in Süß- und Salzwassermischgebieten bis zu 200 km flussaufwärts und 100 km vom Mündungsgebiet ins Meer hinein. Diese durchschnittlich 6 m langen Reptilien sind sehr gefährlich und greifen einen Menschen ohne weiteres an! Wenn man ihnen Gelegenheit zum Zubeißen gibt, verliert man garantiert ein Körperteil, wenn nicht gar sein Leben! Im Norden sollte man daher nicht in Flüssen u. Ä. schwimmen gehen, Flüsse nicht zu Fuß durchqueren und bei Wanderungen entlang flachen Mangrovenufern besonders

GEFÄHRLICHE TIERE

vorsichtig sein. Bei Bootstouren sollte man keine Körperteile über den Bootsrand baumeln lassen.

Vergleichsweise ungefährlich sind die nur 2–2,50 m langen **Australienkrokodile,** die man an dem schmaleren Maul, den nadelartigen Zähnen und den vier großen Schuppen im Nacken erkennen kann. Sie leben eher in Süßwasserflüssen, -wasserlöchern sowie Sümpfen im Inland von Nordaustralien und sind nicht am Menschen interessiert. Aber wenn sich das Tier angegriffen fühlt und z. B. auf dem Flussgrund versehentlich getreten wird, schnappt es zur Verteidigung zu.

Eine Gefahr an den tropischen Meeresküsten des Northern Territory und Queenslands sind fast durchsichtige **Würfelquallen** (Box Jellyfish, Chironex fleckeri). Sie haben auf ihren bis zu 15 Tentakeln an die 2000 Stechzellen, die bei Berührung ein Gift auf die Haut ausbringen, das verbrennungsähnliche Wunden verursacht. Der Schmerz ist so schlimm, dass man leicht einen Schock erleidet, das Bewusstsein verliert und im Meer zu ertrinken droht. Bis der Patient das Gegengift bekommt, hilft nur die Behandlung der Wunden mit Essig. Daher findet man an den tropischen Stränden Australiens oftmals ein Warnschild mit einer festgebundenen Flasche Essig vor, den man zum Abspülen der Wunden verwendet. Die Quallen sind das ganze Jahr über in den türkisfarbenen, tropischen Gewässern anzutreffen, aber in der Regenzeit von Oktober bis April sind sie derart zahlreich, dass es schlicht leichtsin-

---

Gefahren im Wasser

Abgesehen davon, dass immer auf die Warnschilder zu achten ist, die z. B. vor Leistenkrokodilen oder Quallen etc. warnen, sollte man nie in einen Fluss oder in ein Wasserloch hineinspringen. Die Wasserfläche kann verräterisch dunkel sein und einen glauben lassen, es sei ein tiefes Gewässer. Nur allzu oft sind tückische Felsen darunter verborgen, an denen man sich schwer verletzen kann. Also: Immer langsam hineinwaten!
Geht man im Meer schwimmen, sollte man sich an die bewachten Strände halten, die deutlich mit rot-gelben Flaggen begrenzt sind. An der Meeresküste Australiens gibt es oftmals starke Unterströmungen, die einen leicht ins Meer reißen.

GEFÄHRLICHE TIERE

▲ *An vielen Stränden im tropischen Norden gibt es Warnschilder vor Würfelquallen und Essiglösung zur Erstbehandlung bei Verletzungen*

nig ist, dann zum Abkühlen eine Runde im Meer zu schwimmen.

Die viel gefürchteten **Haie** sind hingegen kaum ein Problem. Unter den weltweit 350 Haifischarten gibt es nur vier, die dem Menschen zu Nahe treten würden: Der 5–6 m lange Weiße Hai bzw. Menschenhai *(Great White/White Pointer, Carcharodon carcharias)*, der bis zu 6 m lange Tigerhai *(Tiger Shark, Galeocerdo cuvieri)*, der bis zu 3,5 m lange Weißspitzenhai *(Oceanic Whitetipp Shark, Carcharhinus longimanus)* und der ca. 2,5 m lange Grundhai *(Bull Shark, Carcharhinus leucas)*. Diese vier Arten kommen zwar auch alle in australischen Gewässern vor, aber die restlichen 161 Haifischarten in Australien sind ungefährlich. Das Risiko, bei einer Schwimmpartie an Australiens Küste einer der vier gefährlichen Arten zu begegnen, ist relativ gering. Statistisch gesehen, gab es in den vergangenen 200 Jahren nur 548 Haiangriffe, von denen 182 tödlich endeten. In den letzten 30 Jahren gab es einen To-

GEFÄHRLICHE TIERE

▲ *Meistens begegnet man Schlangen in sicherer Entfernung, hier die tödlich giftige Rotbauchige Schwarzotter*

desfall pro Jahr – die Gefahr eines Unfalles mit Haien ist also weitaus geringer als die eines Haushalts- oder Autounfalles.

An Land können dem Menschen vor allem Schlangen und Spinnen gefährlich werden, aber diese sind äußerst scheu und machen sich in der Regel aus dem Staub, sobald sie uns Menschen wahrnehmen. Um erst gar nicht in ihren Lebensraum einzudringen, sollte man nicht ausgerechnet einen Weg durch unübersichtliche Grasflächen oder Dickicht wählen, wo z. B. **Schlangen** leben. In der Regel wird man – wenn überhaupt – eine Schlange nur aus der Entfernung beobachten können.

Sollten Sie tatsächlich einmal Auge in Auge einer Schlange gegenüberstehen, gilt es, sich ruhig zu verhalten und langsam zu bewegen. Schnelle Bewegungen könnte die Schlange als Angriff deuten und sie zur Verteidigung ermuntern. Ist die Schlange noch weiter weg, stampft man am besten auf

GEFÄHRLICHE TIERE

den Boden. Sie wird dann vermutlich wegkriechen! Man sollte in keinem Fall versuchen, eine Schlange zu töten. Am Ende wird man vermutlich nur gebissen. Außerdem sind Schlangen wie alle Kreaturen im Nationalpark geschützt und für das Töten des Tieres kann ein sattes Strafgeld fällig werden.

Wegen eines Bisses durch eine **Spinne** muss man sich ebenso wenig Sorgen machen, denn auch diese beißen nur, wenn wir sie bedrohen und das lässt sich ja vermeiden. Von den Spinnen, die große Netze bauen, hat man ohnehin nichts zu befürchten. Ihr Gift ist für den Menschen nicht gefährlich. Die tödlichste Spinne der Welt ist die ca. 7 cm große männliche Trichterspinne *(Sydney Funnel-web Spider, Atrax robustus)*, die, wie der Name schon sagt, in einem 160-km-Radius rund um Sydney vorkommt, also einem bei einem Bush-Trip in den Blue Mountains, aber auch in Sydneys Gärten und Parks begegnen könnte.

Giftig, aber selten tödlich ist die in ganz Australien anzutreffende **weibliche Rotrückenspinne** oder Australische Schwarze Witwe *(Redback Spider, Latrodectus hasselti)*, deren schwarzer Körper gerade mal 1 cm groß ist bzw. es mit Beinen auf eine Größe von 3 cm bringt. Leicht zu erkennen ist sie an dem roten oder orangefarbenen Streifen auf ihrem runden Hinterteil. Alljährlich müssen sich Hunderte von Australiern ein Antigift nach einem Biss dieser Spinne spritzen lassen. Sie versteckt sich gerne unter Biertresen, in Schuppen oder öffentlichen Toiletten. Viele Bisse ließen sich vermeiden, wenn man die alte Grundregel walten lässt und seine Hände bei sich hält und nicht neugierig in dunkle Ecken, unter Laub, in einen hohlen Baum-

▲ *Brush-footed Trapdoor Spider (Selenocosmia crassipes) - Australiens „Tarantula" findet man im Daintree-Regenwald und ist mit der Sydney Funnel-web Spider (Sydney Trichterspinne) verwandt*

GEFÄHRLICHE TIERE

Biss einer Schlange oder Spinne

- *Die oberste Regel:* Wunde lassen, wie sie ist! Keinesfalls versuchen, das Blut aus der Wunde zu saugen oder zu schneiden! Die Giftreste auch nicht von der Haut waschen, da man anhand dieser die Schlangen- oder Spinnenart identifiziert und so das Antigift ausgewählt werden kann.

- *Die Symptome:* Wenn das Tier für Menschen giftig war, wird der gebissenen Person übel, sie muss sich übergeben, hat Durchfall, Kopfschmerzen, sieht doppelt oder unscharf, hat Probleme zu atmen, hat Schmerzen in der Brust oder Bauchgegend. Handelte es sich um eine Trichterspinne (Funnel-web Spider), schäumt beim Gebissenen der Speichel im Mund, er reagiert verwirrt, verliert das Bewusstsein, hat Schwierigkeiten zu atmen, seine Muskeln zucken.

- *Hilferuf:* Krankenwagen unter 000 rufen bzw. Notruf funken!

- *Maßnahme:* Beim Gebissenen sollte man umgehend das gebissene Körperteil ruhig stellen, als würde es sich um einen Bruch handeln. Das heißt bei Arm oder Bein einen Verband von den Fingern oder den Zehen bis weit über den Biss hinaus anlegen und am besten auch einen Zweig zur Ruhigstellung des Körperteils einbauen. Mit der Ruhigstellung soll die Blutzirkulation und somit die Verteilung des Giftes im Körper verlangsamt werden (daher auch keinen elastischen Verband anlegen!). Es ist wichtig, dass sich der Gebissene beruhigt und nicht bewegt. Die Hilfe muss zum Gebissenen gebracht werden.

- *Entwarnung:* Bei einer Rotrückenspinne (Redback Spider) spürt der Gebissene einen großen Schmerz, der sich von der Bissstelle über den ganzen Körper ausbreitet, seine kleinen Körperhaare stehen zu Berge. Handelte es sich eindeutig um einen Biss dieser Spinne, besteht keine Lebensgefahr. Man sollte einfach einen Eisbeutel auflegen und dann einen Arzt aufsuchen!

GEFÄHRLICHE TIERE

stamm etc. greift. Überall dort könnte das Zuhause einer Spinne sein, die beim Nähern einer bedrohlich großen Menschenhand einfach hineinbeißt! Beim Campen oder in der Unterkunft sollte man ausgezogene Schuhe oder Kleidung erst einmal ausschütten, bevor man sie wieder anzieht, damit eine Spinne, die diese als Schlafort gebraucht hat, sich von dannen machen kann.

Handflächengroß, aber ungefährlich sind die bräunlich tarnfarbenen **Jagdspinnen** *(Huntsman Spiders, Heteropoda venatoria)*, denen man überall in Australien begegnet. Viele Australier lassen sie durchaus eine Weile in ihren Häusern, weil sie perfekte Moskito- und Fliegenvertilger sind, die wahrlich größeren Plagen als Spinnen – zumindest solange man nicht unter Angst vor Spinnen leidet.

Zu weiteren unangenehmen Zeitgenossen in der australischen Wildnis gehören **Zecken,** die mit einem Encephalitis-Virus infiziert sein können, welches eine gefährliche und gar tödliche Entzündung des Gehirns auslösen kann. Man sollte daher nicht zu sehr im Gebüsch herumkriechen und einen Hut tragen, der ja sowieso auch gegen die Sonne notwendig ist, damit sich erst gar keine Zecke festbeißen kann. **Skorpione** gibt es in Australien auch, aber ein Stich durch ihren Schwanzstachel ist kaum schlimmer als ein Bienenstich. So lange man nicht allergisch reagiert, ist ein Stich also nur recht schmerzhaft, aber zumindest für Erwachsene nicht gefährlich.

Moskitos können besonders im tropischen Norden gefährliche Krankheiten verursachen wie z.B. Ross-River-Fieber und Encephalitis (Gehirnhautentzündung). Moskitostiche sollte man durch Auftragen von DEET-haltigen Antimückenmitteln wie *RID* und *Aerogard* vermeiden.

Unangenehm sind die kleinen **Blutegel** in tropischen und subtropischen Wäldern. Insektenmittel

GEFÄHRLICHE TIERE

▲ An schwülen Tagen sind die Blutegel auf Tasmanias Tracks nicht weit. Aber hier auf der Route zur Western Arthur Range im Südwesten hat man eher mit Schlammmassen zu kämpfen.

wie *Aerogard* oder *RID*, auf Socken und Schuhe aufgetragen, halten sie auf Abstand. Haben sie sich erst einmal festgesaugt, hilft Feuer oder Salz, um sie zu entfernen.

„Finger weg!" heißt es bei **Ameisen.** Es gibt in Australien mehrere Arten, deren Biss zwar nicht gefährlich, aber dafür sehr schmerzhaft ist. Besonders die 1,5–3 cm großen Ameisen sind in der Lage, in die Haut des Menschen zu beißen.

Nicht anfassen sollte man auch die in Queensland und im Northern Territory plagenartig vorkommende **Agakröte,** die einen giftigen Schleim auf ihrem Rücken produziert und deren Eier auch giftig sind. Zum Glück ist sie ohnehin so hässlich, dass man kaum in Versuchung kommt, das Tierchen zu streicheln. Da die Kröten, die unglücklicherweise in den 1930er Jahren aus Südamerika eingeführt wurden, in Australien als Plage gelten, empfiehlt die Regierung sogar, sie mit Plastikhandschuhen einzusammeln und durch Einfrieren in der Gefriertruhe zu töten.

GEFÄHRLICHE TIERE

Auch Vögel sind nicht immer friedlich. Dies trifft besonders auf die in ganz Australien vorkommende **Elster** zu, die im Frühling zur Brutzeit einige Wochen ihr Territorium vehement verteidigt und einen ahnungslosen Menschen durchaus mal attackiert. Um das zu vermeiden, sollte man einen Hut zum Schutz tragen.

Ebenso angriffslustig wird zur Brutzeit auch der **Kasuar** in den tropischen Regenwäldern von Cape York. Man sollte sich einfach fernhalten und den Vogel im Falle des Angriffs keinesfalls durch Steinwürfe noch mehr provozieren, sondern zügig weitergehen, aber nicht rennen und sich niemals auf den Boden legen! Am besten, man bringt einen Baum zwischen sich und den Vogel oder hält im Notfall seinen Rucksack mit ausgestreckten Armen von sich, bis sich der Kasuar zurückzieht.

Angriffe von **Dingos** sind auch schon vorgekommen, z.B. auf Fraser Island in Queensland. In der Regel ist das eine Folge davon, dass frühere Besucher die wilden Tiere wider aller Vernunft gefüttert haben und diese sich nun zu nahe an den Menschen heranwagen und dabei dreist werden.

WILDNIS-ETIKETTE

▶ Ein Team von Conservation Volunteers Australia setzt die Wanderwege im Cradle Mountain - Lake St. Clair National Park (Tasmania) instand, damit die Buschwanderer das fragile Ökosystem so wenig wie möglich beeinträchtigen

WILDNIS-ETIKETTE

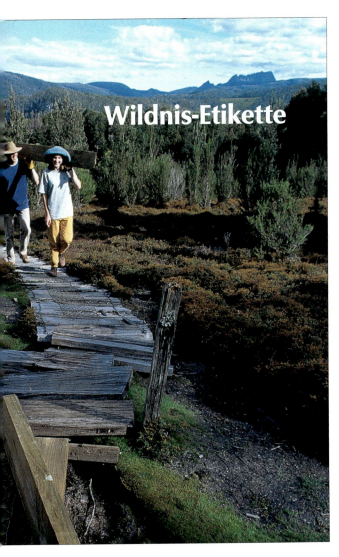

Beitrag zum Naturschutz

Damit auch kommende Generationen von Reisenden die Schönheit der australischen Natur in ihrer ganzen Vielfalt erleben können, sollte sich jeder an die Wildnis-Etikette halten. Es mag zwar den Anschein haben, als sei man ganz allein auf der Welt, wenn man sich irgendwo in der australischen Wildnis befindet, tatsächlich aber steigt die Zahl der Wildnis-Reisenden von Jahr zu Jahr und damit auch die Zerstörung. Das bedeutet nicht, dass man besser zu Hause bleibt, aber man kann sich an ein paar Grundregeln halten, um die negativen Auswirkungen des Tourismus auf ein Minimum zu beschränken.

In der Wildnis zu reisen ist ein unvergleichliches Erlebnis. Aber dort, wo es keine sanitären Einrichtungen, ausgewiesenen Kochstellen, Mülleimer etc. gibt, gilt es, den menschlichen Eingriff in die Natur möglichst naturverträglich zu gestalten.

Die seriösen Bushwalkclubs und auch Geländewagenclubs in Australien halten sich an einen **Ehrencodex** bei Reisen in der Natur. Die Grundregel lautet schlicht: Alles, was man in die Natur bringt, ist auch wieder herauszubringen und die Natur sollte man unberührt lassen. Das heißt auch, dass man weder Blüten, Blätter, Steine, Muscheln oder Sonstiges als Souvenir mit nach Hause nimmt, noch Zweige oder Blätter abknickt, um sie z. B. als Fächer zu verwenden.

Abfälle, Notdurft und andere Fremdkörper

Man muss wohl kaum betonen, dass jeglicher Abfall möglichst in die „zivilisierte Welt" zurückgehört, sprich in den nächsten Abfalleimer. Bis man einen solchen erreicht, muss man als Reisender den Abfall

BEITRAG ZUM NATURSCHUTZ

mit sich führen. Zu diesem Zweck sollte man z. B. gut schließende, geruchsdichte **Abfalltüten und Küchenclips** mitführen.

In die Kategorie „Abfall" gehören im Übrigen auch alle organischen Abfälle von z. B. Obst, Gemüse etc. Während man in seinem europäischen Garten z. B. noch denken mag, „vielleicht wächst hier dann mal ein Apfelbaum", so hat dieser im australischen Nationalpark oder anderen Schutzgebieten nun einmal nichts verloren.

Das **Verbrennen von Abfall** ist in der Regel in den Nationalparks verboten. Lediglich außerhalb der Schutzgebiete ist es gestattet, sofern keine Buschbrandgefahr besteht. Alles, was jedoch nicht vollständig verbrennt, darf nicht vergraben werden, sondern muss wieder mit zurückgenommen werden. Dazu gehören z. B. auch Zigarettenfilter. Das „Verbrennen" von Dosen ist praktisch zur Säuberung von Essensresten, bevor man die Dose klein faltet und in den Beutel zum Rücktransport gibt.

▼ *Weggeworfener Abfall zieht Wildtiere an wie diesen Beutelteufel und verringert deren natürliche Scheu vor Menschen*

Wildnis-Etikette

Beitrag zum Naturschutz

Fischabfälle, die von vor Ort im Meer gefangenen Exemplaren stammen, dürfen am Strand unterhalb der Flutlinie in mindestens 50 cm Tiefe vergraben werden. Bezüglich des **Fischens** gibt es zusätzliche Regeln zu beachten, die man den Informationsblättern des Nationalparks entnehmen kann.

Die australische Non-Profit-Organisation *Tread Lightly* (www.treadlightlyaustralia.com.au) macht mit dem Slogan **Tread lightly, leave no trace!** (Leichtfüßig auftreten, keine Spuren hinterlassen!) Werbung für Respekt vor der australischen Natur. Sie ruft dazu auf, dass man sich nie bequem auf die Position „das war ich nicht" zurückziehen sollte, sondern auch den von anderen hinterlassenen Abfall in die bewohnte Welt mitnimmt.

Grundsätzlich sollte man für seine **Notdurft** einen Ort wählen, der mindestens 100 m von Wasserläufen oder Sümpfen entfernt liegt, damit das Gewässer nicht belastet wird. Bei der Wahl eines Ortes zum Urinieren muss bedacht werden, dass es im trockenen Outback wenig regnet und es unter Umständen sehr lange dauern kann, bevor der Geruch weggewaschen wird. Andere Reisende möchten den Ort auch noch genießen können. Für größere Geschäfte hebt man ein mindestens 15 cm tiefes Naturklo aus, das man nach Verlassen wieder mit der ausgehobenen Erde auffüllt. Nur so wird das umgehende Aufwühlen durch z. B. Dingos und Fleisch fressende Beuteltiere vermieden. Das Toilettenpapier sollte nicht eingebuddelt, sondern verbrannt werden. Das gilt ebenso für Tampons, Binden und alle anderen künstlichen Materialien. **Kunststoffe** etc. sollten allerdings nicht verbrannt

Fäkalienbeutel

Es gibt z. B. von Safarica spezielle Beutel zur Aufnahme von Fäkalien. Im Beutel wird alles innerhalb weniger Sekunden in eine feste und geruchsneutrale Masse umgewandelt und auslaufsicher verschlossen. Diese Beutel sind bei Geländewagentouren in der Wildnis eine Überlegung wert. Das Verfahren ist weniger aufwendig, als Klos zu buddeln, und verringert den Eingriff in die Natur.

Beitrag zum Naturschutz

Damit die sauberen, klaren Wasserlöcher auch sauber bleiben, sollte man auch keine Moskitomittel oder Sonnencreme etc. darin abwaschen (Foto: Willis's Walkabouts)

werden, da dabei giftige Gase frei werden können. Sie müssen bis zum nächsten Abfalleimer mitgenommen werden.

Wer nicht ganz auf **Seife und Zahnpasta** verzichten und sich mit Wasser allein begnügen kann, sollte mindestens biologisch abbaubare Produkte verwenden. Selbst diese haben in Wasserläufen oder -löchern nichts zu suchen, sondern müssen in mindestens 50 m Entfernung davon verwendet werden.

Auch das **Wasser zum Spülen** der Kochtöpfe sollte mindestens in 50 m Abstand von Wasserläufen etc. verwendet werden. Man sollte dabei schon gar kein Spülmittel, sondern z. B. Sand zum Schrubben verwenden und mit Wasser nachspülen. Es sollten so wenig Essensreste wie möglich in die Natur geschüttet werden. Größere Reste gehören verbrannt oder wieder mitgenommen.

BEITRAG ZUM NATURSCHUTZ

Auch **Sonnencreme und Moskitoschutz etc.** enthalten schädliche Chemikalien. Wenn man schwimmen gehen will, sollte man daher am besten nichts davon verwendet haben, denn die Organismen, Tiere und Pflanzen im Wasserloch oder Bach werden dadurch vergiftet.

Kochstelle und Nachtlager

In der Wildnis sollte man die Nutzung von Feuer minimieren. Das Kochen von **warmen Mahlzeiten** oder Getränken in der Wildnis erfordert ohnehin eine größere Logistik, als wenn man sich mit kalten Mahlzeiten und Getränken begnügt. Denn abgesehen von den Kochutensilien muss man in der Regel in Nationalparks auch eigenes Holz mitbringen. Herumliegende Äste und Baumstämme dürfen nicht verfeuert werden. Sie sind wichtiger Nährstoff für den Boden und die darin und darauf gedeihenden Organismen. Darüber hinaus stellen diese scheinbar toten Äste und Stämme den **Lebensraum**

▼ *Bei Willis's Walkabouts macht man das Feuer so, dass es keinen Schaden anrichtet*

BEITRAG ZUM NATURSCHUTZ

von z. B. australischen Beuteltieren dar, von denen viele ihren „Bau" in ausgehöhlten Baumstämmen etc. haben.

Gleiches gilt auch für Früchte, Zapfen, Samen, Laub sowie für Felsen und Steine. Im Nationalpark ist es auch verboten, Steine von ihrem Fundort zu entfernen und etwa zum Begrenzen einer **Feuerstelle** zu verwenden. Aber auch außerhalb der Schutzgebiete gilt, dass man für das Lagerfeuer eine ca. 20 cm tiefe Mulde graben sollte, die man hinterher nur zuschütten muss. Das sieht besser aus, als wenn man die Aschereste mit Erde abdeckt, die man anderswo ausgegraben hat, denn bei dieser Methode hinterlässt man gleich zwei beschädigte Stellen: den Ausgrabungsort und den neuen hässlichen Erdhügel. Das Abdecken mit Erde verhindert außerdem, dass die Asche durch Wind verstreut wird und die Vegetation in einen grauschwarzen Schleier einhüllt.

Vor Verlassen des Camps sollte man immer überprüfen, ob das Feuer auch wirklich aus ist und keine kleinen **Schwelbrände** mehr vorhanden sind. So manch eine Wanderergruppe hat durch unvollständig gelöschte Lagerfeuer einen verheerenden Buschbrand entfacht.

Wildnisfreundlicher ist in jedem Fall die Verwendung eines **Gaskochers,** den man auch bei Feuerwarnstufen noch verwenden darf, außer es wurde bei extrem hoher Buschbrandgefahr ein totales Feuerverbot *(Total Fire Ban)* ausgerufen. In den meisten Nationalparks ist das Verfeuern von Fallholz ohnehin verboten.

Als Platz für die **Kochstelle** und auch das Zelt sollte man einen Ort wählen, der offenbar zu diesem Zweck schon von Vorgängern verwendet wurde. Denn es ist nicht nur optisch störend, wenn nach einem Jahr an einem beliebten Camport mindestens 365 Feuerstellen und Zeltabdrücke zu se-

Wildnis-Etikette

hen sind, sondern es stört auch an ebenso vielen Stellen das Ökosystem.

Für den **Zeltstandort** sollte man keine feuchten Stellen wählen, denn dadurch nimmt die Flora unnötigen Schaden. Besser ist ein pflanzenarmer, fester oder sandiger Untergrund. Auf die Vorteile eines Igluzeltes **ohne Heringe und Spannleinen** wurde bereits hingewiesen.

Aus Respekt vor der kulturellen Bedeutung der **Felsmalereien und Felsgravierungen** von Aboriginals sollte man sein Nachtlager nicht unterhalb von Felswänden mit solchen Darstellungen aufschlagen, denn diese können durch aufwirbelnden Staub und Ruß von der Feuerstelle beschädigt werden. Es versteht sich von selbst, dass man die Malereien nicht anfasst.

Zum Schutz der Tiere

Wilde Tiere zu füttern ist zu keiner Zeit eine gute Idee. Selbst in öffentlichen Parks in Europa macht man zunehmend darauf aufmerksam, dass die Tiere durch das Füttern immer aggressiver werden und die natürliche Scheu vor den Menschen verlieren. In der Wildnis sollte man erst recht **keine Tiere füttern.** Ganz abgesehen davon sind menschliche Lebensmittel keineswegs gesund für die wilden Tiere.

In der Natur zurückgelassener **nicht-organischer Abfall** wird immer wieder von wilden Tieren gefressen, die daran erkranken oder gar verenden.

Wenn das Nachtlager aufgeschlagen wird, sollten alle **Lebensmittel geruchsdicht verstaut** werden, damit sie Beuteltiere, Reptilien, Vögel etc. nicht zur Selbstbedienung einladen. Am besten verwendet man dafür starke Spannbänder, denn ein Dingo auf Fraser Island hat längst gelernt, eine einfache Kühlbox zu öffnen.

Zum Schutz der Tiere

Auch außerhalb der Schutzgebiete sollten organische Abfälle vollständig verbrannt oder wieder bis zum nächsten Abfalleimer mitgenommen werden. Wer Essensreste aus dem Fahrzeugfenster wirft, muss sich nicht wundern, wenn das nächste Auto mit einem wilden Tier zusammenstößt. Generell sollte man sich an die empfohlenen Fahrtgeschwindigkeiten auf den Straßen halten und dies ganz besonders, wenn **Warnschilder auf Wildwechsel** aufmerksam machen. Wo Schilder stehen, wird man besonders in der Dämmerung und nachts auch Wildwechsel vorfinden. Wer möchte schon die unangenehme Erfahrung machen, ein Känguru, einen Koala, ein Wombat oder ein anderes australisches Tier totzufahren?! Hat man dennoch ein Tier schwer verletzt, sollte umgehend ein Park Ranger des nächstgelegenen Nationalparks, ein Tierrettungsdienst oder ein Tierarzt verständigt werden (siehe Kapitel „Roadkill – Zusammenstoß mit Tieren", S. 163).

Geländepisten und Wanderpfade

Geländepisten und Wanderpfade

▲ *In der Gruppe läuft jeder seinen eigenen Weg (Foto: Willis's Walkabouts)*

Die Fahrt auf Outbackpisten lässt das Herz jedes passionierten Geländewagenfahrers höher schlagen und knifflige fahrerische Herausforderungen auf der Strecke gehören zum Fahrspaß dazu. Dennoch soll dies im Sinne der Erhaltung der Natur nicht darin enden, dass immer neue Fahrrinnen gebildet werden, die ein weiteres Stück Natur zerstören. Man sollte daher immer auf den schon **eingefahrenen Pisten** bleiben, und zwar auch in der Wüste! Jeder Sandhaufen, den man unbedacht zerstört, ist auch ein kleines Ökosystem, beherbergt Kreaturen und kann z. B. ein Eingang zu einem Tunnel von einem Beutelmull oder anderen Beuteltieren sein. Auch wundervolle Reptilien wie der Riesenwaran sind in der Wüste zu Hause.

Auch bei Wanderungen sind die bereits vorhandenen Wanderpfade nicht zu verlassen. Statt an

GELÄNDEPISTEN UND WANDERPFADE

den Rand einer Pfütze zu treten und somit die erodierte Fläche zu vergrößern, sollte man **in die Pfütze oder den Matsch** treten. Grundsätzlich sollte man sandigen und steinigen Untergrund vorziehen und nicht auf Vegetation treten, wenn es sich vermeiden lässt. Jeder Fußtritt zerstört den Lebensraum von zig Arten. Es geht schließlich auch um Spezies am Anfang der Nahrungskette: Insekten, Mikroorganismen und natürlich die Flora. Ist man als Gruppe unterwegs und es gibt keinen Pfad, sollte man wenn möglich nicht hintereinander laufen, sondern jeder seinen eigenen Weg wählen. Eine Pflanze, auf die nur einmal getreten wurde, erholt sich besser als eine, auf der eine ganze Truppe herumgelaufen ist.

Wer bei der Geländewagentour auf der Piste bleibt, schleppt auch nicht so leicht **Sporen von Unkraut** oder **Pflanzenkrankheiten** in ein anderes Ökosystem. Aus dem selben Grund muss man am Flughafen auch seine aus Europa mitgebrachten, dreckverschmutzten Schuhe bei der Quarantänekontrolle melden, damit diese desinfiziert werden.

Es gibt jedoch nicht nur **Quarantäneregelungen** für Besucher aus dem Ausland, sondern auch für Besucher aus den anderen australischen Bundesstaaten. Beim Überschreiten der Grenzen machen entsprechende Schilder auf die jeweils geltenden Verbote aufmerksam. Aber auch innerhalb eines Bundesstaates gibt es Restriktionen: In New South Wales, Victoria und South Australia ist es verboten, frisches Obst in die so genannten **Fruit Fly Exclusion Zones** innerhalb der bewässerten Gartenbaugebiete einzuführen, da die Früchte mit Eiern oder Maden von Fruchtfliegen befallen sein könnten. Über die Grenze von Western Australia zu South Australia und zum Northern Territory darf man kein Gemüse oder Obst transportieren. Dies wird stichprobenartig kontrolliert.

Wildnis-Etikette

191

GELÄNDEPISTEN UND WANDERPFADE

▲ *Auch wenn Abstecher locken: Immer die vorhandene Piste nutzen und Abstand von den Klippen halten!*

In anderen Gebieten warnen Schilder auch vor **Phytophthora,** im Volksmund auch verallgemeinernd *dieback* genannt, eine verheerende Pilzkrankheit der Pflanzen, die man in Form von Erde an den Schuhen oder Reifen von einem infizierten Gebiet in ein anderes überträgt. Daher wird auf den Warnschildern gebeten, so wenig wie möglich in feuchten Verhältnissen wandern zu gehen und dafür zu sorgen, dass man mit sauberen Schuhen ohne Dreckklumpen aus einem anderen Gebiet im Nationalpark anreist und auch mit sauberen Schuhen wieder abreist.

Nicht nur aus Gründen der Sicherheit sollte man immer einen gehörigen **Abstand zum Klippenrand** oder Ähnlichem wahren, denn durch den Druck kommt das Gestein, Erdwerk etc. leicht ins Rutschen und zerstört damit ein Stück Lebensraum. Am Strand sollte man sich mit dem Geländewagen **unterhalb der Flutlinie** halten, denn darüber legen einige Vögel ihre Eier.

Geländepisten und Wanderpfade

Bekanntermaßen macht man als Anfänger leichter mal Fehler. Wer sich jedoch als Geländewagenanfänger auf einer schlammigen Piste festfährt und sich mit hohen Drehzahlen frei fahren möchte, schaufelt letztlich nur ein tiefes Loch in die Piste, die dann von Freiwilligen wie z. B. der 1996 in Western Australia gegründeten Non-Profit-Organisation **Track Care WA** (www.trackcare.com.au) repariert werden muss. Unter anderem aus diesem Grund sollten Anfänger sich daher auf ihren ersten Offroad-Touren einer Konvoi-Fahrt unter fachkundiger Leitung anschließen, um die notwendigen Techniken zu erlernen.

Viele Offroad-Tracks führen streckenweise über **Privatgrundstücke,** für deren Benutzung man unter Umständen vorher eine Genehmigung beim Besitzer einholen sollte (auf guten Landkarten und in Geländewagenreiseführern wird darauf entsprechend hingewiesen). Grundsätzlich gilt, dass man Tore so lassen sollte, wie man sie vorfand – also offene Tore offen lassen und geschlossene nach Durchfahrt wieder hinter sich schließen.

Anhang

▶ Waterfall Creek High Point im Kakadu National Park (Foto: Willis's Walkabouts)

Anhang

Ausgewählte Anbieter

In Australien

Konvoi-Fahrten/Offroad-Training
- **Adventure 4WD,** www.adventure4WD.com.au.
  Jährlich 1–2 lange Fahrten in South Australia, Northern Territory und Victoria. Auch Offroad-Training.
- **Billabong Off Road Group,** www.billabongoffroad.com.au.
  Cape York und andere Destinationen. Auch Offroad-Training.
- **Direct 4WD,** www.direct4wd.com.au.
  Jährlich eine Riesentour für 84 Tage, wechselnde kleine Touren von 9 bis 16 Tagen, z. B. Simpson Desert, Hay River, Lake Makay.
- **Duncans Offroad,** www.duncansoffroad.com.au.
  Cape York, Kimberley, Simpson Desert, Canning Stock Route, Tasmania. Auch Offroad-Training.
- **Eureka 4WD Training,** www.eureka4WD.com.au.
  Nur Offroad-Training.
- **Murchison Safari's,** www.murchsafaris.com. Outback von Western Australia. Sprechen Deutsch/Niederländisch!
- **Tag-Along Tours Broome,** www.tagalongbroome.com.
  Canning Stock Route, Kimberley, Broome nach Port Augusta via Red Centre, Port Augusta nach Cairns via Cape York.
- **Tag-Along 4WD Adventure Tours Australia,** www.adventure-tours-australia.com. Simpson Desert, Cape York, Canning Stock Route, Kimberley und Gulf/Top End.

Bushwalks und Radwanderungen
- **Cooper Creek Wilderness,** www.ccwild.com. Familienbetrieb mit Tag- und Nachtwanderungen im ältesten Teil des Regenwaldes im Daintree Welterbe-Gebiet.
- **Gecko Canoeing,** www.geckocanoeing.com.au.
  1–10-tägige Bushwalks und Kanufahrten im Katherine-River-Gebiet im Northern Territory.
- **Grampians Personalised Tours & Adventures,**
  www.grampianstours.com. Bushwalks und Fahrzeugtouren im Grampians National Park.

AUSGEWÄHLTE ANBIETER

- **Hinterland Tours,** www.hinterlandtour.com.au.
  1–7-tägige Bushwalks in der Great Escarpment in Nationalparks mit UNESCO-Welterbestatus in New South Wales.
- **Remote Outback Cycle (ROC) Tours Australia,**
  www.cycletours.com.au. 4–32-tägige Touren durch das Outback auf dem Fahrrad.
- **Tiger Trails,** www.tigertrails.green.net.au.
  Bushwalks bis zu 10 Tagen in der tasmanischen Wildnis, auch Tagestrips.
- **Trek Larapinta,** www.treklarapinta.com.au.
  Einmal im Jahr gesamte Länge des Larapinta Trail (Northern Territory, 20 Tage), sonst 3–10-tägige Bushwalks.
- **Willis's Walkabouts,** www.bushwalkingholidays.com.au.
  Der Spezialist für komplexe Wildnis-Bushwalks in Kakadu, Kimberley, Pilbara und Red Centre.

Die Freundschaftsgesellschaften für die Bush- und Radwanderstrecken über große Distanzen zum Selbstorganisieren:
- **Bibbulmun Track Foundation,** www.bibbulmuntrack.org.au
- **Friends of the Cape to Cape Track,**
  www.margaret-river-online.com.au/capetrack
- **Friends of the Heysen Trail,** www.heysentrail.asn.au
- **Munda Biddi Trail Foundation,** www.mundabiddi.org.au

Rundreisen

- **Axio Adventures,** www.axioadventures.com.au.
  Cape York und Outback von Queensland.
- **Brookes Australia Tours,** www.brookesaustralia.com.au.
  3–5-tägige Touren in Kakadu und Arnhem Land.
- **Coate's Wildlife Tours,** www.coates.iinet.net.au.
  Tier- und Vogelbeobachtung in Kimberley, Rudall River National Park, Kennedy Ranges, Red Centre, Cape York, Karijini National Park etc.
- **Dr. Marion Hercock's Explorer Tours,**
  www.explorertours.com.au. 9–26-tägige Geländewagentouren auf den Spuren der ersten Entdecker in Western Australia, darunter Canning Stock Route und Pilbara.

Ausgewählte Anbieter

- **Go Bush Safaris,** www.gobush.com.au.
  1–2-wöchige Touren in Kakadu, Kimberley, Fraser Island, Tropical Rainforest, Uluru etc.
- **Wilderness Challenge,** www.wilderness-challenge.com.au.
  7–16-tägige Touren in Cape York, Kimberley und Gulf.

Weitere Anbieter findet man über:
- **Ecotourism Australia,** www.ecotourism.org.au
  unter „Search for Members/Products".
- **Savannah Guides,** www.savannah-guides.com.au
  unter „Member Profiles".

In Europa

- **Best of Travel Group,** Kataloge anfordern über:
  Deutschland: Best of Travel Group, Ostwall 30, 47608 Geldern, Tel. 0180 3307273 (0,06 Euro/40 sec.), www.botg.de
  Österreich: Jet Touristik, Maria-Theresien-Str. 21, 6020 Innsbruck, Tel. 0512 581777, www.jet-touristik.com; Jedek Reisen, Döblinger Hauptstr. 23-25, 1190 Wien, Tel. 01 3696602
  Schweiz: Australasia Travel Service, Zentralstr. 43, 8036 Zürich, Tel. 01 4507375; Dreamtime Travel, Bruggerstr. 55, 5400 Baden, Tel. 056 4100101, Fax 4100104, www.dreamtime.ch.
- **Boomerang Reisen** (www.australien.de),
  Deutschland (Zentrale): Biewerer Str. 15, 54293 Trier, Tel. 0651 966800, Fax 9668060; weitere 10 Büros in ganz Deutschland;
  Schweiz: Zweierstr. 35, 8036 Zürich, Tel. 01 2416131, Fax 2416144.
- **World Expeditions,** 3 Northfields Prospect, Putney Bridge Road, London, SW18 1PE, Großbritannien, Tel. (0044) 20 88702600, Fax (0044) 20 88702615, www.worldexpeditions.co.uk. Bietet Bushwalks auf Teilstücken aller wichtigen australischen Tracks und Trails.
- **Eurovacances,** Rotenbaumchaussee 5, 20148 Hamburg, Tel. 040 4470700, Fax 446696, www.eurovacances.de. Unter „Kulturen erleben", „Australien entdecken" kann man die Teilnahme an einem Naturschutzprojekt der Conservation Volunteers Australia buchen (siehe auch S. 67).

Allgemeine Informationsquellen

Nationalparks

- **New South Wales (NSW):** www.nationalparks.nsw.gov.au
- **Northern Territory (NT):** www.nt.gov.au/ipe/pwcnt und www.deh.gov.au/parks
- **Queensland (QLD):** www.epa.qld.gov.au/parks_and_forests
- **South Australia (SA):** www.environment.sa.gov.au/parks
- **Tasmania (TAS):** www.parks.tas.gov.au
- **Victoria (VIC):** www.parkweb.vic.gov.au
- **Western Australia (WA):** www.naturebase.net

Touristeninformationen

- **ACT:** www.tourism.act.gov.au
- **NSW:** www.visitnsw.com.au
- **NT:** www.ntholidays.com.au und www.tourismtopend.com.au
- **QLD:** www.destinationqueensland.com und www.queenslandholidays.com.au
- **SA:** www.southaustralia.com
- **TAS:** www.discovertasmania.com.au
- **VIC:** www.visitvictoria.com
- **WA:** www.westernaustralia.com

Transport nach und in Australien

Flüge

- **Qantas,** www.qantas.com.au, fliegen alle größeren Flughäfen Australiens an; im Vielfliegerverbund One World, Billigtickets in der Sparte „Red e-Deals"; bietet auch regionale Verbindungen von und nach Asien mit der Tochtergesellschaft Australian Airlines an
- **Jetstar Airways,** www.jetstar.com, recht neue Billigflugtochter von Qantas, bislang nur für beliebte Ziele im Osten

TRANSPORT

- **Virgin Blue,** www.virginblue.com.au, kleineres Streckennetz als Qantas, preiswerte Angebote wie Qantas Red e-Deals, aber keine Vielfliegerpunkte

Kleine regionale Airlines und Chartergesellschaften:
- **Rex Regional Express,** www.rex.com.au, Südosten
- **Airnorth,** www.airnorth.com.au, NT und Broome
- **Great Western Airlines,** www.gwairlines.com.au, Adelaide – Kangaroo Island oder Port Lincoln, Perth – Newman/Halls Creek
- **Macair Airlines,** www.macair.com.au, QLD und NSW
- **Skywest,** www.skywest.com.au, WA
- **Tasair,** www.tasair.com.au, TAS
- **Alliance Airlines,** www.allianceairlines.com.au, QLD, NSW, Norfolk Island

Busreisen

- **McCafferty's & Greyhound Pioneer,** www.mccaffertys.com.au oder www.greyhound.com.au. Bieten verschiedene Buspässe an, mit denen man günstiger kreuz und quer durchs Land reisen kann
- **Fireflyexpress,** www.fireflyexpress.com.au. Nur Sydney, Melbourne und Adelaide.
- **V-Line,** www.vline.vic.gov.au. Dichtes Reisebusnetz in Victoria, das bundesstaatenübergreifend auch nach Adelaide, Sydney, Canberra führt. Manche Abschnitte werden auf V-Line-Bahnstrecken ausgeführt.
- **Premier Stateliner,** www.premierstateliner.com.au. Der Busservice für über 200 Städte in South Australia.

Weitere regionale und örtliche Busgesellschaften kann man über **www.buslines.com.au** finden.

Um sich als Backpacker zwischen den beliebtesten Destinationen fortzubewegen, kann man auch die Dienste von **Oz Experience** (www.kiwiexperience.com) in Anspruch nehmen, die nach dem Hop-on-Hop-off-Prinzip funktionieren. Man erwirbt dazu einen Bus-Pass, mit dem die entsprechende Gesamtstrecke in Teilstücken zurückgelegt werden kann. Manche beinhalten auch Flüge.

Transport

Bahnfahrten

- **CountryLink,** www.countrylink.nsw.gov.au. In NSW, aber auch bundesstaatenübergreifend mit dem „XPT" nach Melbourne und Brisbane, aber auch landeinwärts nach Dubbo. Der „Xplorer" verbindet Sydney mit Tamworth, Armidale, Moree, Canberra und überquert rote sandige Ebenen zur Outbackstadt Broken Hill.
- **Great Southern Railways,** www.gsr.com.au. „Indian Pacific" (Perth – Adelaide – Sydney), „The Ghan" (Adelaide – Alice Springs – Darwin) sowie „The Overland" (Melbourne – Adelaide).
- **Queensland Rail,** www.qr.com.au. Entlang der Küste von Brisbane nach Cairns gibt es den „Tilt Train", „Queenslander", „The Sunlander", im tropischen Norden die „Kuranda Scenic Railway" (Cairns – Kuranda) und „The Gulflander" (Croydon – Normanton), im Outback den „Spirit of the Outback" (Brisbane – Rockhampton – Longreach), „The Westlander" (Brisbane – Charleville) und „The Inlander" (Townsville – Mount Isa).

Nur in Mitteleuropa sind die preiswerten Rail-Pässe bei den offiziellen Partnern von Rail Australia zu buchen:
- **hm tourstik,** Hauptstraße 61, D-82284 Grafrath, Tel. 08144 7700, Fax: 399, www.hm-touristik.de
- **Incento BV,** PO Box 1067, NL-1400 BB Bussum, Niederlande, Tel. 0031 35 6955111, Fax: 6955155, www.incento.nl, sprechen auch Deutsch
- **Nova Tours,** Schoenenwerdenstraße 35b, CH-5001 Aarau, Schweiz, Tel. 0041 62 8233323, Fax: 8247827, www.novatours.ch

Automobilclubs

- **NSW:** NRMA, www.nrma.com.au
- **NT:** AANT, www.aant.com.au
- **QLD:** RACQ, www.racq.com.au
- **TAS:** RACT, www.ract.com.au
- **SA:** RAA, www.raa.com.au
- **VIC:** RACV, www.racv.com.au
- **WA:** RAC, www.rac.com.au

Genehmigungen

- **Central Australia** (südlicher Teil von Northern Territory): Permits Officer, Central Land Council, PO Box 3321, Alice Springs, NT 0871, Formular unter: www.clc.org.au (unter „Permits")
- **Top End/Northern Territory:** Northern Land Council, PO Box 42921, Casuarina, NT 0811, Formular unter: www.nlc.org.au/html/permits.html
- **Western Australia:** Department of Indigenous Affairs, PO Box 7770, Cloister's Square, Perth, WA 6850, Formular unter: www.dia.wa.gov.au/Land/Permits
- **Central Desert Area von Western Australia** (Gunbarrel): Ngaanyatjara Council, PO Box 644, Alice Springs, NT 0871, Tel. 08 89501711, Fax 89538192
- **Queensland:** Aboriginal Coordinating Council, PO Box 6512, Cairns, QLD 4870, Tel. 07 4044 2999, www.accq.org.au
- **South Australia:** Hier braucht man einen Desert Parks Pass vom Nationalpark und Wildlife SA, erhältlich bei: The Environment Shop, 77 Grenfell Street, Adelaide, SA 5000, Formular unter: www.environment.sa.gov.au/parks/outback.html

Literatur und Landkarten

Unterwegs im Outback

Das Angebot an Straßenkarten, Nationalpark- und Campingführern ist groß, aber nicht überall erhältlich. Es sind hier vor allem die wichtigsten Verlage und Vertreter genannt, bei denen man auch online kaufen kann, damit man sich zu seiner speziellen Reiseart und Reiseregion das passende Informationsmaterial suchen kann. Die internationalen Versandkosten sind zwar oft hoch, aber mit der richtigen Lektüre kann man die Reise bereits gut von zu Hause aus planen.

- **www.reise-know-how.de:** GPS-taugliche Übersichtskarte aus der Serie world mapping project (s. S. 211)
- **www.hardiegrant.com.au/explore_aus:** Explore Australia by 4WD, Camping in Australia, diverse Straßenatlanten für ganz Australien und einzelne Bundesstaaten

Literatur und Landkarten

- **www.hemamaps.com.au:** 4WD-, Straßen- und Nationalparkkarten, Discover Australia National Parks, Great Desert Tracks of Australia Companion Guide; hervorragende Einzelkarten und Handbücher zu allen Regionen in Australien
- **www.westprint.com.au:** Die Quelle für Karten der Outback-Tracks im Norden und Westen. Über sie kann man auch Bücher zu Flora, Fauna und vieles mehr beziehen.
- **http://shop.boilingbilly.com.au:** Travelling the Outback und 4WD-Spezialtitel zu bestimmten Regionen in Australien

Speziell für Bushwalks, Radwanderungen und Survival gibt es einige empfehlenswerte Titel, die man über www.adventurepro.com.au bzw. www.guidesgalore.com.au beziehen kann:

- **Bushwalking in Australia,** *John & Monica Chapman* – noch immer das beste Buch für 25 Wanderungen von 2 bis 14 Tagen Länge in ganz Australien. Auch Infos zu einzelnen Regionen in Australien gibt es bei dem Autor in spezialisierten Titeln, siehe: www.john.chapman.name
- **Classic Wild Walks of Australia,** *Robert Rankin* – großes Buch mit vielen Fotos zu 25 der schönsten Wildniswanderungen in Australien
- **Cycling Outback Australia,** *Craig Bagnall, Nikki Brown,* ECO Tourism Australia – ein nützlicher Erfahrungsbericht der Autoren über ihre Reise von Cairns via Darwin nach Perth. www.cyclingoutback.com
- **Australian Bush Survival Skills,** *Kevin Casey,* Kimbery Publications – alles, was man zum Überleben in der australischen Wildnis wissen und können sollte

Bestimmungsbücher

In deutscher Sprache gibt es kein empfehlenswertes Bestimmungsbuch für die australische Flora oder Fauna, dafür umso mehr Bücher in englischer Sprache, die man über z.B. www.amazon.co.uk preisgünstig online bestellen kann, teilweise auch beim Renate Schenk Verlag (www.schenk-verlag.de) und die natürlich in Australien in fast jedem Buchladen ausliegen. Die besten handlichen Publikationen in akzeptabler Preisklasse von nicht mehr als 40 $ sind:

Literatur und Landkarten

Fauna

- **Handbook of Australian Wildlife,** *Peter Slater,* Steve Parish Publishing – ideales Einstiegsbuch in australische Fauna für Kinder und Erwachsene gleichermaßen
- **A Field Guide to the Mammals of Australia,** *Peter Menkhorst,* Oxford University Press Australia – alle 376 einheimischen australischen Säugetiere werden mit Illustrationen und Informationen verständlich auf 275 Seiten vorgestellt
- **The Slater Field Guide to Australian Birds,** *Peter Slater,* New Holland Publishers – mehr als 750 australische Vogelarten illustriert und erklärt im 343-Seiten-Format
- **Field Guide to Australian Birds,** *Michael Morcombe,* Steve Parish Publishing – mit 3400 Fotos von 850 australischen Vogelarten noch besser, aber auch teurer
- **A Complete Guide to Reptiles of Australia,** *Gary Swan,* New Holland Publishers – umfassender Führer zu Australiens faszinierender Welt der Reptilien auf 480 Seiten mit 930 Fotos und zusätzlichen Illustrationen
- **A Field Guide to Frogs in Australia,** *Martyn Robinson,* New Holland Publishers – ein Bestimmungsbuch für die australischen Froscharten auf 112 Seiten
- **A Field Guide to Insects in Australia,** *Paul Zborowski, Ross Storey,* New Holland Publishers – eine Hilfe zur Identifizierung der 26 Ordnungen und 661 Familien von Insekten in Australien für Interessierte und Sammler auf 208 Seiten
- **Tracks, Scats and Other Traces, A Field Guide to Australian Mammals,** *Barbara Triggs,* Oxford University Press Australia – 352 Seiten voller Fotografien und Illustrationen von Exkrementen, Kratz- und Kriechspuren sowie Nestern und Bauten von australischen Säugetieren, damit man diese in der Natur besser aufspüren kann
- **Green Guide: Dangerous Creatures of Australia,** *Marty Robinson,* New Holland Publishers – wenn man sich etwas mehr über die gefährlichen Tiere in Australien informieren möchte. In der Green-Guide-Reihe gibt es aber auch je ein kleines, simples Handbuch zu Einzelthemen wie „Birds", „Frogs", „Sharks and Rays", „Mammals", „Parrots", „Common Birds", „Spiders" sowie „Snakes and other Reptiles", immer mit dem Zusatz „of Australia"

LITERATUR UND LANDKARTEN

- **Whale Watching in Australian and New Zealand Waters,** *Peter Gill, Cecilia Burke,* New Holland Publishers – alles darüber wie, wann und wo man die 43 Wal- und Delphinarten in australischen und neuseeländischen Gewässern beobachten kann

Flora
- **Key Guide to Australian Wildflowers,** *Leonard Cronin,* Envirobook – 600 der typischsten australischen Wildblumen
- **Key Guide to Australian Trees,** *Leonard Cronin,* Envirobook – jede Spezies mit Blatt, Blüte und Frucht erklärt
- **A Photographic Guide to the Wildflowers of Outback Australia,** *Denise Greig,* New Holland Publishers – auf 144 Seiten werden über 200 blühende Arten des Outback vorgestellt
- **A Field Guide to Australian Trees,** *Ivan Holliday,* New Holland Publishers – ein Klassiker mit mehr als 400 Baumarten
- **A Field Guide to Australian Wildflowers,** *Denise Greig,* New Holland Publishers – mehr als 1000 Arten mit Fotos

Wer sich für speziellere Bücher mit höherem wissenschaftlichen Anspruch über die Welt der australischen Flora und Fauna interessiert, kann sich online am besten unter www.publish.csiro.au unter den Themen „Natural History", „Animal Science/Zoology" und „Plant Science/Botany" umschauen. Meine persönlichen Favoriten, für die man ab 90 $ hinblättern muss:

- **The New Atlas of Australian Birds,** *Geoff Barrett,* Birds Australia – 4000 Karten mit den Verbreitungsgebieten von über 650 australischen Vogelarten inklusive saisonalen Unterschieden, voll illustriert auf 828 Seiten, Hardcover
- **The Mammals of Australia,** *Ronald Strahan,* New Holland Publishers – ein wahres Lexikon der australischen Säugetiere auf 756 Seiten, Hardcover
- **Spiders of Australia,** *Rj Raven, BC Baehr, MS Harvey,* CSIRO Publishing – eine CD-Rom mit allen Informationen und hochaufgelösten Fotos von den australischen Spinnentieren
- **Australian Tropical Rain Forest Plants,** CSIRO Publishing – 2154 Baum-, Bush- und Kletterpflanzenarten von Broome in Western Australia bis Townsville in Queensland auf CD-Rom

Literatur und Landkarten

- **Forest Trees of Australia,** CSIRO Publishing – Beschreibungen und Illustrationen der 223 wichtigsten australischen Baumarten auf 687 Seiten, Hardcover
- **Families of Flowering Plants of Australia,** CSIRO Publishing – eine CD-Rom mit allen blühenden Pflanzen Australiens und ihrer Kategorisierung mit über 1500 Fotos von repräsentativen Arten

Zeitschriften

- **Australian Geographic,** www.ausgeo.com.au, alles über die australische Natur: Flora, Fauna, Bushwalks, Naturschutzprojekte und vieles mehr
- **Outdoor Australia,** www.outdooraustralia.com, Tipps für Outdooraktivitäten in Australien
- **On The Road,** www.ontheroad.net.au, Geheimtipps für Reisen in Australien
- **Overlander 4WD,** www.overlander.com.au, Geländewagenfahren in Australien
- **WILD,** www.wild.com.au, Tipps zu Bushwalk-Strecken in Australien. Veröffentlicht auch handliche Führer.

Australien – Reisen und Jobben

Der Praxis-Ratgeber für Langzeitreisende Down Under

- Working Holiday Visum und weitere Formalitäten
- Soziale Absicherung Zuhause
- Finanzierung der Reise
- Ratschläge zum Eingewöhnen
- Jobsuche und Bewerbung
- Backpackeralltag

Reise Know-How Verlag, Bielefeld

Andrea Buchspieß
Australien – Reisen und Jobben
160 Seiten, über 60 Fotos

LITERATUR

KulturSchock Australien

Der praktische Leitfaden, um die Australier besser zu verstehen

Fremde Kulturen sind uns oft doch nicht so vertraut, wie wir dachten. Die Bücher der Reihe KulturSchock skizzieren Hintergründe und Entwicklungen, um heutige Denk- und Lebensweisen zu erklären. Sie sind eine Orientierungshilfe im fremden Alltag und möchten dazu beitragen, dass wir die Gesetzmäßigkeiten des Kulturschocks begreifen, ihn ein wenig vorwegnehmen können und Vorurteile abbauen. Je mehr wir voneinander wissen, desto besser werden wir einander verstehen.

Aus dem Inhalt
- Ethnische und geschichtliche Wurzeln
- Die Zähmung eines Kontinentes
- Von White Australia Policy bis multikulti
- Die australische Identität
- Aussie Way of Life
- Die Freuden im Leben
- Was Aussies über Europäer denken
- Fettnäpfchen aller Art
- Reisende und Aboriginals

Elfi H. M. Gilissen: **KulturSchock Australien,** 336 Seiten, durchgehend illustriert, Register, stabile PUR-Bindung

REISE KNOW-HOW Verlag, Bielefeld

LITERATUR

Australien für Individualisten

Elfi H. M. Gilissen
Sydney und Umgebung

Der praktische City Guide mit vielen Tipps rund um die Sehenswürdigkeiten, Nightlife, Strandurlaub, Bushwalking, Festivals und Fortbewegung, aber auch für die Weiterreise innerhalb Australiens als Backpacker oder mit Kindern.

Veronika Pavel
Australien – Osten und Zentrum

Das komplette Handbuch für Reisende, die auf eigene Faust mit Mietwagen oder Camper unterwegs sind. Alle praktische Reisefragen, detaillierte Routenvorschläge, Sehenswürdigkeiten, Naturerlebnisse, Hintergründe.

Elfi H. M. Gilissen
Englisch für Australian

Reisetypische Situationen meistern und mit den Menschen ins Gespräch kommen – der Kauderwelsch-Sprachführer für die problemlose Kommunikation im Land ohne Lernstress.

Reise Know-How Verlag, Bielefeld

LITERATUR

Kauder-welsch!

Die **Sprachführer der Reihe Kauderwelsch** helfen dem Reisenden, wirklich zu sprechen und die Menschen zu verstehen.
Wie wird das gemacht?

- Die **Grammatik** wird in einfacher Sprache so weit erklärt, dass es möglich wird, ohne viel Paukerei mit dem Sprechen zu beginnen, wenn auch nicht gerade druckreif.
- Alle Beispielsätze werden doppelt ins Deutsche übertragen: zum einen **Wort-für-Wort,** zum anderen in "ordentliches" Hochdeutsch. So wird das fremde Sprachsystem sehr gut durchschaubar. Ohne eine Wort-für-Wort-Übersetzung ist es so gut wie unmöglich, einzelne Wörter in einem Satz auszutauschen.
- Die **Autorinnen und Autoren** der Reihe sind Globetrotter, die die Sprache im Lande gelernt haben. Sie wissen daher genau, wie und was die Leute auf der Straße sprechen. Deren Ausdrucksweise ist häufig viel einfacher und direkter als z.B. die Sprache der Literatur. Außer der Sprache vermitteln die Autoren Verhaltenstipps und erklären Besonderheiten des Reiselandes.
- Jeder Band hat 96 bis 160 Seiten. Zu jedem Titel ist **Tonmaterial** (Kassette oder CD-ROM) erhältlich.
- **Kauderwelsch-Sprachführer gibt es für über 90 Sprachen in mehr als 160 Bänden!**

LITERATUR

Praxis-Ratgeber
kompakt & kompetent

Wer seine Freizeit aktiv verbringt und moderne Abenteuer sucht, braucht spezielles Wissen, das in keiner Schule gelehrt wird. REISE KNOW-HOW beantwortet die vielen Fragen rund um Freizeit, Urlaub und Reisen in der Ratgeberreihe „Praxis".

Frank Littek
Fliegen ohne Angst

Birgit Adam
Als Frau allein unterwegs

Hans Strobach
Fernreisen auf eigene Faust

Erich Witschi
Clever buchen – besser fliegen

Gunter Schramm
Internet für die Reise

Volker Heinrich
Reisefotografie digital

Matthias Faermann
Schutz vor Gewalt und Kriminalität unterwegs

Mark Hofmann
Verreisen mit Hund

Hans Hörauf
Wann wohin reisen?

Reto Kuster
Dschungelwandern

Jeder Titel:
144-160 Seiten, robuste Fadenheftung,
Taschenformat 10,5 x 17 cm,
Register und Griffmarken
Weitere Titel siehe Seite 214

REISE KNOW-HOW Verlag, Bielefeld

Mit REISE KNOW-HOW ans Ziel

Die Landkarten des world mapping project bieten gute Orientierung – weltweit.

- Moderne Kartengrafik mit Höhenlinien, Höhenangaben und farbigen Höhenschichten
- GPS-Tauglichkeit durch eingezeichnete Längen- und Breitengrade und ab Maßstab 1:300.000 zusätzlich durch UTM-Markierungen
- Einheitlich klassifiziertes Straßennetz mit Entfernungsangaben
- Wichtige Sehenswürdigkeiten, herausragende Orientierungspunkte und Badestrände werden durch einprägsame Symbole dargestellt.
- Der ausführliche Ortsindex ermöglicht das schnelle Finden des Ziels.
- Wasser abstoßende Imprägnierung
- Kein störender Pappumschlag, der den behindern würde, der die Karte unterwegs individuell falzen möchte oder sie einfach nur griffbereit in die Jackentasche stecken will

Derzeit über 100 Titel lieferbar (siehe unter www.reise-know-how.de), z. B.:

Australien	**1:4,5 Mio.**
Neuseeland	**1:1 Mio.**
Thailand	**1:1,2 Mio.**

world mapping project
REISE KNOW-HOW Verlag, Bielefeld

Alle Reiseführer auf einen Blick

Reisehandbücher
Urlaubshandbücher
Reisesachbücher
Rad & Bike

Afrika, Bike-Abenteuer
Afrika, Durch, 2 Bde.
Agadir, Marrakesch und Südmarokko
Ägypten individuell
Ägypten Niltal
Alaska ↗ Canada
Algarve
Algerische Sahara
Amrum
Amsterdam
Andalusien
Apulien
Äqua-Tour
Argentinien, Urug., Parag.
Athen
Äthiopien
Auf nach Asien!
Australien, Osten/Zentrum
Auvergne, Cevennen
Bahrain
Bali und Lombok
Bali, die Trauminsel
Bangkok
Barcelona
Berlin
Borkum
Botswana
Brasilien
Brasilien kompakt
Bretagne
Budapest
Bulgarien
Burgund
Cabo Verde
Canada West, Alaska
Canadas Ost, USA NO
Chile, Osterinseln
China Manual
Chinas Norden
Chinas Osten
Cornwall
Costa Blanca
Costa Brava
Costa de la Luz
Costa del Sol
Costa Dorada
Costa Rica
Cuba
Dalmatien
Dänemarks Nordseeküste
Disneyland Resort Paris
Dominikanische Republik
Dubai, Emirat
Ecuador, Galapagos
El Hierro
Elsass, Vogesen
England – Süden
Erste Hilfe unterwegs
Europa BikeBuch
Fahrrad-Weltführer
Fehmarn
Florida
Föhr
Friaul, Venetien
Fuerteventura
Gardasee
Golf v. Neapel, Kampanien
Gomera
Gotland
Gran Canaria
Großbritannien
Guatemala
Hamburg
Hawaii
Hollands Nordseeinseln
Holsteinische Schweiz
Honduras
Hongkong, Macau, Kanton
Ibiza, Formentera
Indien – Norden
Indien – Süden
Iran
Irland
Island
Israel, palästinensische Gebiete, Ostsinai
Istrien, Velebit
Jemen
Jordanien
Juist
Kairo, Luxor, Assuan
Kalabrien, Basilikata
Kalifornien, USA Südwesten
Kambodscha
Kamerun
Kanada ↗ Canada
Kap-Provinz (Südafrika)
Kapverdische Inseln
Kenia
Kerala
Korfu, Ionische Inseln
Korsika
Krakau
Kreta
Kreuzfahrtführer
Ladakh, Zanskar
Langeoog
Lanzarote
La Palma
Laos
Lateinamerika BikeBuch
Libyen
Ligurien
Litauen
Loire, Das Tal der
London
Madagaskar
Madeira
Madrid
Malaysia, Singapur, Brunei
Mallorca
Mallorca, Leben und Arbeiten
Mallorca, Wandern auf

Reise Know-How

- Malta
- Marokko
- Mauritius/La Réunion
- Mecklenb./Brandenburg: Wasserwandern
- Mecklenburg-Vorpomm. Binnenland
- Mexiko
- Mexiko kompakt
- Mongolei
- Motorradreisen
- München
- Myanmar
- **N**amibia
- Nepal
- Neuseeland BikeBuch
- New York City
- Norderney
- Nordfriesische Inseln
- Nordseeküste Niedersachsen
- Nordseeküste Schleswig-Holstein
- Nordseeinseln, Deutsche
- Nordspanien
- Normandie
- **O**man
- Ostfriesische Inseln
- Ostseeküste MVP
- Ostseeküste Schleswig-Holstein
- Outdoor-Praxis
- **P**anama
- Panamericana, Rad-Abenteuer
- Paris
- Peru, Bolivien
- Peru kompakt
- Phuket
- Polens Norden
- Prag
- Provence
- Pyrenäen
- **Q**atar
- **R**ajasthan
- Rhodos
- Rom
- Rügen, Hiddensee
- **S**ächsische Schweiz
- Salzburg
- San Francisco
- Sansibar
- Sardinien
- Schottland
- Schwarzwald – Nord
- Schwarzwald – Süd
- Schweiz, Liechtenstein
- Senegal, Gambia
- Singapur
- Sizilien
- Skandinavien – Norden
- Slowenien, Triest
- Spaniens Mittelmeerküste
- Spiekeroog
- Sri Lanka
- St. Lucia, St. Vincent, Grenada
- Südafrika
- Südnorwegen, Lofoten
- Südwestfrankreich
- Sydney
- Sylt
- Syrien
- **T**aiwan
- Tansania, Sansibar
- Teneriffa
- Thailand
- Thailand – Tauch- und Strandführer
- Thailands Süden
- Thüringer Wald
- Tokyo
- Toscana
- Transsib
- Trinidad und Tobago
- Tschechien
- Tunesien
- Tunesiens Küste
- Türkei, Hotelführer
- **U**ganda, Ruanda
- Umbrien
- USA/Canada
- USA, Gastschüler
- USA, Nordosten
- USA – der Westen
- USA – der Süden
- USA – Südwesten, Natur u. Wandern
- USA Südwesten, Kalifornien
- Usedom
- **V**enedig
- Venezuela
- Vereinigte Arabische Emirate
- Vietnam
- **W**ales
- Warschau
- Westafrika – Sahel
- Westafrika – Küste
- Wien
- Wo es keinen Arzt gibt
- **Y**ukatan
- **Z**ypern

Edition RKH

- Abenteuer Anden
- Burma/Myanmar – Land der Pagoden
- Durchgedreht – sieben Jahre im Sattel
- Eine Finca auf Mallorca
- Geschichten aus dem anderen Mallorca
- Goldene Insel, Die
- Mallorca, für Leib und Seele
- Mallorquinische Reise
- Please wait to be seated!
- Salzkarawane, Die
- Südwärts durch Lateinamerika
- Traumstraße Panamerikana
- Unlimited Mileage

Alle Reiseführer auf einen Blick

Praxis

(Auswahl. Vollständiges Programm siehe Homepage.)

Aktiv Algarve
Aktiv Andalusien
Aktiv Dalmatien
Aktiv frz. Atlantikküste
Aktiv Gardasee
Aktiv Gran Canaria
Aktiv Istrien
Aktiv Katalonien
Aktiv Marokko
Aktiv Polen
Aktiv Slowenien
Als Frau allein unterwegs
Australien: Reisen/Jobben
Australien: Outback/Bush
Bordbuch Südeuropa
Clever buchen/fliegen
Clever kuren
Drogen in Reiseländern
Fernreisen, Fahrzeug
Fliegen ohne Angst
Fun u. Sport im Schnee
Geolog. Erscheinungen
Gesund. Dtl. Heilthermen
GPS f. Auto, Motorrad
GPS Outdoor
Inline-Skaten Bodensee
Inline Skating
Islam erleben
Kanu-Handbuch
Konfuzianismus erleben
Kreuzfahrt-Handbuch
Küstensegeln
Maya-Kultur erleben
Mountain Biking
Mushing/Hundeschlitten
Orientierung mit Kompass und GPS
Paragliding-Handbuch
Reisefotografie
Reisefotografie digital
Respektvoll reisen
Richtig Kartenlesen
Safari-Handbuch Afrika
Selbstdiagnose unterwegs
Shoppingguide USA
Sicherheit/Bärengeb.
Spaniens Fiestas
Sprachen lernen
Transsib – Moskau-Peking
Trekking-Handbuch
Trekking/Amerika
Trekking/Asien Afrika
Tropenreisen
Unterkunft/Mietwagen
Verreisen mit Hund
Wandern im Watt
Wann wohin reisen?
Wein-Reiseführer Italien
Wein-Reiseführer Toskana
Wildnis-Ausrüstung
Wildnis-Küche
Wohnmobil-Ausrüstung
Wohnmobil-Reisen

KulturSchock

Ägypten
Argentinien
Australien
Brasilien
China, VR/Taiwan
Cuba
Familienmanagement im Ausland
Finnland
Golf-Emirate, Oman
Indien
Iran
Islam
Japan
Jemen
Kambodscha
Kaukasus
Leben in fremden Kulturen
Marokko
Mexiko
Pakistan
Polen
Russland
Spanien
Thailand
Türkei
USA
Vietnam

Wo man unsere Reiseliteratur bekommt:

Jede Buchhandlung der BRD, der Schweiz, Österreichs und der Benelux-Staaten kann unsere Bücher beziehen. Wer sie dort nicht findet, kann alle Bücher über unsere Internet-Shops bestellen. Auf den Homepages gibt es auch Informationen zu allen Titeln.

www.reise-know-how.de oder **www.reisebuch.de**

Register

4WD 82

A

Abfälle 182
Aboriginals 15, 30
Agakröte 125, 134, 178
Akazie 151
Allradantrieb 83, 168
Ameisen 135, 178
Amphibien 134,
Anbieter 196
Antizyklone 160
aride Regionen 72
Artenschutz 17
Arzt 96
Asphalt-Touren 62
Atherton Tablelands 40
Auslandsreisekranken-
  versicherung 96
Ausrüstung 80
Ausrüstung Offroad 118
Australienkrokodile 172
Automobilclubs 201
Autoreifen 168
Autounfälle 163
Autovermietung 82, 168
Autoversicherung 83
Ayers Rock 29

B

Bahnfahrten 201
Banksia 149
Bekleidung 102
Bereifung 168
Bergregionen 45
Besiedlung 15
Bestimmungsbücher 203
Beuteltiere 129, 136
Bibbulmun Track 52
Bilby 128
Birdsville Track 35
Biwaksack 113
Blue Mountains 45
Bluff Knoll 52
Blutegel 177
Border Ranges National Park 39
Box Jellyfish 172
Bruny Island 48
Buchung 80
Build-up, The 76
bull bar 164
bull dust 166
Buschbrände 78, 157
Buschbrände, Warnschilder 159
Bushcraft-Kurs 94
Bushwalks 19, 56, 86
Bushwalks, mehrstündige 57
Bushwalks, mehrtägige 58
Busreisen 200

C

Callistemon 147
Camping 88
Campingreisen 63
Canning Stock Route 25
Cape York Track 40
Coorong National Park 50
Cradle Mountain – Lake St. Clair
  National Park 46
creepy crawlies 134

Register

D

D'Entrecasteaux National Park 51
Daintree National Park 40
Dehydrierung 155
Desert Parks Pass 92
Dingo 125, 131, 179
Dingozaun 35, 125
Dog Fence 125
Dry, The 75
Dryandra 149
Dürrezeiten 157

E

Echsen 139
Ehrencodex 182
Elster 178
El Niño 157
Emu 131
entry permit 92
Entstehungsgeschichte 12
Erste Hilfe 94, 176
Essen 114
Essensreste 183
Eukalyptus 146
Eukalyptuswälder 45
Eyre-See 36

F

Fahrtraining 85
Fahrzeugtyp 83
Fahrzeug mieten 82
Fäkalienbeutel 184
Farmen 90
farm stays 90
Fauna 127
Felsmalereien 30, 188
Feuerrestriktionen 159
Feuerverbot 115
fire stick farming 159
Fischen 184
Flinders, Matthew 24
Flinders Chase National Park 52
Flinders Ranges 33
Flora 146
Flüge 199
Flussdurchquerung 168
Fly-&-Drive-Angebote 63
Flying Fox 145
4WD 82
Fraser Island 39
Freiwilligenarbeit 66
Freycinet National Park 48
Fruit Fly Exclusion Zones 191
Führerschein 83
Funnel-web Spider 175

G

Gamaschen 102
Garig Gunak Barlu National Park 43
Gefahren 154
Gefährliche Tiere 170
Geländepisten 190
Geländewagen 84
Geländewagentouren 117
gemäßigte Regionen 78
Genehmigungen 91, 202
Gepäck 80
Geschirrspülen 185
Gibraltar Range National Park 46

REGISTER

Gondwana 14
Gove Peninsula 43
Grampians National Park 48
Grass Tree 149
Great Dividing Range 45
Great Ocean Road 50
Gregory National Park 43
Grevillea 149

H

Haie 173
Hakea 149
Herzdruckmassage 155
Heysen Trail 34
HF-Radio 118
Hitzschlag 155
Honey Myrtle 148
Hume, Hamilton 25

I

Igluzelt 113
Informationsquellen 199
Insekten 134

J

Jagdspinnen 177
Jellyfish 172

K

Kakadu 132
Kakadu National Park 43
Kameratipps 142
Känguru 129
Karijini National Park 28
Kasuar 179
Katherine Gorge 42
Kennedy, Edmund 38
Kimberley 44
Kings Canyon 37
Klima 72
Klimaregionen, Karte 73
Kloakentiere 127, 136
Koala 130, 140
Kochen 115
Kochstelle 186
Konvoi-Fahrten 60
Kookaburra 133
Korallenfinger 134
Kosciuszko National Park 46
Kragenechse 134
Krankenwagen 176
Krokodile 133, 139, 171
Kurzschnabel-Ameisenigel 127
Küste 192
Küstenlandschaften 50

L

Lachender Hans 133
Lamington National Park 39
Landkarten 202
Larapinta Trail 37
Lasseter Highway 31
Lebensmittel 188
Leeuwin – Naturaliste National Park 51
Leichhardt, Ludwig 38
Leistenkrokodil 170
Linksverkehr 162
Litchfield National Park 43
Literatur 202

Anhang

217

REGISTER

M

Maler 122
Mallee 147
Maria Island National Park 48
Melaleuca 148
Moreton Island 39
Mornington Wildlife Sanctuary 44
Moskitonetz 112
Moskitos 177
Mountainbike-Touren 64, 86
Munda Biddi Trail 52, 65
Mungo Mann 15

N

Nachtfahrten 164
Nachtlager 186
Naturforscher 122
Naturschutz 18, 182
Naturschutzprojekte 66
Naturtourismus 21
Notdurft 182
Notruf 176
Nullarbor-Ebene 32
Numbat 129

O

Offroad-Ausrüstung, 118
Offroad-Touren 60, 117
Offroad-Training 61, 85
Offroad-Fahrten 165
Olgas, The 31
Oodnadatta Track 36
Outbackpisten 165
Overland Track 46

P

Paperbark 148
Parkpässe 91
Peel-Region 52
Permits 202
Pflanzenkrankheiten 191
Phillip, Arthur 15
Phytophthora 192
Pine-leaved Geebung 149
Pinguin 131
Placentatiere 130, 137
Porongorup National Park 53
Possum 130
Privatgrundstücke 193
Proviant 101
Purnululu National Park 44

Q

Quarantäneregelungen 191

R

Radwanderungen 64, 86
Redback Spider 175
Regenausrüstung 104
Regenwälder 38
Regenzeit 77
Reisegepäckversicherung 97
Reiserücktrittskosten-versicherung 97
Reisezeiten 72
Reptilien 133, 139
roadkill 163
road trains 166
roo bar 164
Roper River Track 42

REGISTER

Rotrückenspinne 175
Royal Flying Doctor Service 95
Rucksack 108
Rudall River National Park 25
Rundreisen 63

S

Salzwasserkrokodil 171
Sanctuaries 145
Sandstürme 161
Satellitentelefon 118
Säugetiere 127, 136
Savannah Way 45
Savannen 24
Schildkröten 139
Schlafsack 112
Schlangen 133, 139, 174
Schlangenbiss 176
Schnabeltier 128
Schnürsenkel 102
Schotterpisten 166
Schuhe 102
Seife 185
semi-aride Regionen 72
Sicherheit 154
Simpson Desert 36
Skorpione 177
Sonnenschutz 100
Sonnenstich 155
Southern-Forests-Region 52
Spinnen 134, 175
Spinnenbiss 176
Spinnentiere 134
Spülen, Geschirr 185
Steppen 24
Stirling Range National Park 52
Stoßstange 165

Stradbroke Island 39
Strzelecki Track 34
Stuart, John McDouall 25
Stürme 160
Sturt, Charles 24
Sturt's Desert Pea 151
subtropische Regionen 75
Survival 94
Süßwasserkrokodil 172

T

Tag-Along-Touren 60
Tanami Track 38
Tarkine 48
Tasmanian Wilderness 48
Tea Tree 148
Termiten 43, 135
Tierarzt 165
Tierbeobachtung 135
Tiere, gefährliche 170
Tiere, überfahrene 165
Tierfotografie 142
Tierrettungsdienst 165
Tierschutz 188
Tierspuren 144
Toit, Alexander Su 14
Top End 42
total fire ban 159
Track Care WA 193
transit permit 92
Transport 199
Trichterspinne 175
Trinken 114
Trinkwasser 101
Trockenzeit 75
tropische Regenwälder 38
tropische Regionen 75

Register

U

Übernachtung 111
Überschwemmungen 161
Ultraschallpfeifen 165
Uluru 29
Uluru – Kata Tjuta National Park 29
UNESCO-Welterbeliste 19
Unfallversicherung 97
Unterkunft 88
Ureinwohner 15, 30

V

Veranstalter 196
Verbrennen, Abfall 183
Verkehr 162
Verpflegung 91
Versicherung, Auto 83
Versicherungen 95
Vögel 131, 137

W

Wallaby 130
Wanderpfade 190
Waran 133
Warnschilder 159
Washpool National Park 46
Wasserentkeimung 114
Wasservögel 138
Wattle 151
Wegener, Alfred 14
West MacDonnell National Park 36
Wet, The 77
Wetterbericht 161
Wetterkarte 73
Wildwechsel 189
wild campen 89
willy willy 162
Wilsons Promontory National Park 49
Witjira National Park 36
Wolfe Creek Crater 38
Wollemi National Park 45
Wombat 130
Würfelquallen 172
Wüsten 24

Z

Zahnpasta 185
Zecken 177
Zeitschriften 206
Zelt 112
Zelten 88
Zeltstandort 188
Zusammenstoß mit Tieren 163
Zweiradantrieb 168
Zyklone 160

Bildnachweis

Bildnachweis

Die Kürzel an den Abbildungen stehen für folgende Personen, Firmen und Einrichtungen. Wir bedanken uns für ihre freundliche Abdruckgenehmigung.

ab	Andrea Buchspieß: Seiten 29, 37, 42, 47, 53, 115, 76, 81, 82, 89, 193
at	Andrew Tokmakoff: Seiten 14, 17, 18, 34, 93, 70, 140, 148, 150, 162, 174, 224
awc	Australian Wildlife Conservancy: Seiten 123, 128, 129
ba	Brian Rooke, Brookes Australia Tours: Seiten 13, 30
ccw	Neil und Prue Hewett, Cooper Creek Wilderness: Seiten 75, 134
cva	Conservation Volunteers Australia: Seiten 68, 180
ef	Erwin Fielt: Seite 178
eg	Elfi H. M. Gilissen: Seiten 41, 90, 100, 104, 127, 130, 132, 141, 143, 147, 148, 157, 158, 167, 164, 173, 183
es	Evelien Schuurman: Seiten 44, 88, 145, 171
gg	Gert Goesaert: Seiten 124, 132, 148, 149
gp	Noel Nicholls, Grampians Personalised Tours & Adventures: Seite 49
hr	Huub Ressing: Seiten 12, 50, 51, 117, 170
ls	Landscope Expeditions: Seiten 22, 152
ms	Alick Edwards, Murchison Safari's: Seite 77
ss-roc	Steve Sadler, Remote Outback Cycle Tours: Seiten 65, 87
ta	John und Sue Forwood, Tag-Along Tours Broome: Seiten 61, 85
th-roc	Terry Harrison, Remote Outback Cycle Tours: Seiten 32, 66
tt	Tiger Trails: Seiten 1, 20
wc	Tom Warnes, Wilderness Challenge: Seiten 62, 120
ww	Russell Willis, Willis's Walkabouts: Titelfoto und Seiten 10, 28, 54, 57, 59, 95, 98, 103, 111, 112, 155, 185, 186, 190, 194

Anhang

AUSTRALIEN-ÜBERSICHT

AUSTRALIEN-ÜBERSICHT

Die Autorin

Die Autorin

Elfi H. M. Gilissen (geb. 1969) ist Diplom-Übersetzerin für Chinesisch und Indonesisch, befasst sich aber als freiberufliche Autorin und Lektorin mit allen Sprachen und somit Ländern der Welt. Am Niederrhein aufgewachsen, lebt die gebürtige Niederländerin heute mit ihrem australischen Lebensgefährten Andrew Tokmakoff wieder in den Niederlanden.

Eigentlich auf Südwestchina und vor allem Tibet eingeschworen, wurde durch die zufällige Begegnung mit ihrem heutigen Lebensgefährten ihr Interesse am fünften Kontinent geweckt. Seit der ersten gemeinsamen Reise nach Australien fährt sie auch ohne ihn regelmäßig ein- bis zweimal jährlich für längere Zeit durch den Kontinent und dabei geht es auch immer auf Tour in Outback und Bush.

Weitere bei REISE KNOW-HOW erschienene Titel der Autorin: „Sydney und seine Nationalparks", „KulturSchock Australien" sowie in der Sprechführerreihe Kauderwelsch: „Englisch für Australien", „Flämisch – Wort für Wort", „Amerikanisch – Wort für Wort" und „Niederländisch Slang".